당신의 성공을 기원합니다.

이 책을 ＿＿＿＿＿＿＿＿＿＿＿님께 드립니다.

왜 그 사람은
하는 일마다 잘될까?

왜 그 사람은
하는 일마다 잘될까?

지은이 김재성
발행처 도서출판 평단
발행인 최석두

등록번호 제2015-000132호
등록연월일 1988년 7월 6일

초판 1쇄 인쇄 2023년 9월 20일
초판 1쇄 발행 2023년 9월 26일

주소 (10594) 경기도 고양시 덕양구 통일로 140 삼송테크노밸리 A동 351호
전화번호 (02)325-8144(代)
팩스번호 (02)325-8143
이메일 pyongdan@daum.net

ISBN 978-89-7343-566-1 03190

왜 그 사람은
하는 일마다 잘될까?

김재성 지음

평단

이 책에 보내는 명사들의 추천글

성공과 실패 중에 하나만 선택할 수 있다고 한다면, 실패를 고를 사람은 없을 것이다. 모든 사람이 성공을 원한다고 해도 과언이 아니다. 그런데 왜 많은 사람이 맡은 일에서 그다지 성공적인 결과를 거두지 못하는 것일까? 저자는 사람들의 '태도'에 주목한다. 태도는 오래 쌓여온 무의식적 습관이다. 그만큼 스스로 태도를 고치는 것은 쉬운 일이 아니다. 다행인 것은 저자가 가장 중요한 20가지 태도를 정리해두었을 뿐만 아니라, 하나하나를 의식적으로 반성해볼 수 있도록 우리에게 질문을 던진다는 점이다. 저자가 짚어주는 태도들을 하나씩 살펴보다 보면 성공의 비결과 실패의 이유, 앞으로 나아가야 할 방향이 점차 보일 것이다.

_주언규(전 신사임당 유튜버, 베스트셀러 《킵고잉》《슈퍼노멀》 저자)

직장인은 업무에서, 학생은 학업에서, 연구자는 연구 분야에서 모두 성공적인 결과를 얻고자 노력한다. 저자는 이 책에서 성공의 추세에 올라타고 싶은 독자들에게 우선 자신의 평소 태도를 돌아보며 몸과 마음가짐을 가꾸라고 말한다. 또한, 일을 시작하고 진행해 성공적인 결과를 얻는 그 순간까지 항상 배우는 자세로 사람들과의 관계에 진심을 다하라고 조언한다. 각 장 끝에 성공을 위한 항목을 소개해 자신을 진단하고 그에 맞는 해결책을 찾을 수 있도록 한 것은 신의 한 수다.

_윤형인(서울대학교 치의학대학원 교수)

수많은 실패 속 성공을 꿈꾸는 당신에게 지구력을 더해줄 다양한 솔루션을 담았다. 사탕발림으로 독자를 이끌지도 않고, 그렇다고 너무 다그치지도 않으며 성공의 길을 담백하게 제시해주는 책이다.

- 김동완(그룹 '신화'의 멤버, 배우)

⊠

당신이 지금까지 성공에 가까워지지 못한 이유를 살펴본다.

성공하는 사람과 실패하는 사람을 스무 가지 주제로 심층 분석해
당신이 성공의 추세에 올라타도록 길을 제시한다.

⧖ CONTENTS

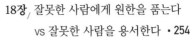

#03 일의 결과에 임하는 태도

#02 일을 시작하고 진행할 때의 태도

마치는 글

> ## 일의 성공과 실패 뒤엔
> ## 언제나 사람이 있습니다

"성공하고 싶다."

살면서 이런 생각을 안 해본 사람은 거의 없을 것입니다. 성공의 정의는 사람마다 다르지만, 각자 자신이 바라는 성공의 모습이 있기 마련입니다. 어떤 사람에게는 돈과 경제력이 성공의 척도이고, 어떤 사람에게는 권력과 명예가 성공한 인생의 기준이 될 수 있습니다. 본인의 삶은 윤택하지 않더라도 자녀가 부와 명성을 쌓으면 그것을 성공했다고 생각하는 사람도 있습니다.

"나는 성공에는 관심 없어."라고 말하는 사람도 더러 있습니다. 그러나 그런 사람조차 자기 인생에 실패가 더 많기를 바라지는 않습니다. 성공은 많은 사람이 바라는 일이고, 설사 성공에 초연하다 해도 자기 인생이 실패한 인생이길 바라는 사람은 아무도 없습니다.

자신이 통제할 수 없는 일로 잘 진행되던 일이 망가지고 실패로 돌아가는 경우가 간혹 생깁니다. "뒤로 넘어져도 코가 깨진다."라는 표현처럼 운이 지독하게 나빠서 그럴 수 있습니다. 하지만 가만 생각해보면, 그런 경우는 극히 드뭅니다. 실패에는 분명 실패할 수밖에 없는 이유가 있습니다. 철저히 준비하고 온 힘을 쏟았는데도 실패하는 경우는 거의 없습니다.

성공할 만해서 성공하고 실패할 만해서 실패합니다. 성공과 실패에는 다 그럴 만한 이유가 있지 운에 따라 성공과 실패가 좌우되는 게 아닙니다. 꾸준히 쌓은 실력, 올바른 목표 설정과 삶을 대하는 자세, 주변 사람을 대하는 태도, 일을 처리하는 자세에서 성공과 실패가 갈립니다.

저는 특정한 일에서의 성공과 실패를 말하려는 게 아닙니다. 이 책에서 말하는 성공과 실패를 좀 더 정확히 말한다면, 성공하는 사람과 실패하는 사람입니다. 성공을 더 많이 하는 사람들의 특성과 실패를 더 많이 하는 사람들의 특성을 살펴보고 자기 자신을 돌아보고 개선해나가는 것이 제가 이 책을 쓴 의도입니다.

한 가지 일에서 성공과 실패는 인생에서 그리 중요한 문제가 아닙니다. 다만, 성공과 실패 뒤에는 성공하는 사람과 실패하는 사람이 있음을 기억해야 합니다. 단편적인 일에서 성공과 실패를 보면 우연이 작용할 수도 있습니다. 그러나 더 많이 성공하는 사람의 특성과 더 많이 실패하는 사람의 특성을 살펴보면, 성공과 실패는 단순히 한 가지 일에 연관된 게 아니라, 그 사람이 지닌 여러 가지 특성이 복합된 결과임을 알 수 있습니다.

특정한 일의 성공과 실패에 초점을 맞추지 말고 자신이 성공하는 사람의 특성을 갖추었는지 점검하는 시간이 되길 바랍니다. 결국 성공하는 '사람'은 더 많은 성공을 쌓으며 더 높은 곳을 향하고, 실패하는 '사람'은 작은 성공과 커다란 실패를 반복하며 좋지 않은 길로 빠져들게 됩니다.

스스로 변화하겠다는 마음가짐을 가지고 이 책을 읽는다면, 누구나 자주 성공하는 사람으로 바뀔 수 있습니다. 이미 성공의 추세에 올라탄 사람이라면 성공의 크기와 성공하는 일의 가짓수를 늘릴 수 있습니다. 그동안 부진했다면 이 책에서 자신에게 있는 실패 요소를 깨닫고 거기에서 벗어나십시오. 그럼 점차 성공에 가까워질 것입니다.

모든 일의 성공과 실패 뒤에는 언제나 사람이, 바로 당신이 있습니다. 당신이 성공에 더 가까워지도록, 성공하는 사람과 실패하는 사람의 특성을 지금부터 함께 알아보겠습니다. 이 책을 덮을 무렵에는 여러분이 모두 성공 요소로 단단히 무장되어 있기를 진심으로 기원합니다.

이 책의 구성

이 책은 크게 평소 태도와 일 처리 두 파트로 나눠 성공하는 사람과 실패하는 사람의 특성을 살펴보고 있습니다. 일 처리 부문은 다시 일의 진행과 결과로 구분했습니다. 총 스무 가지 주제로 성공하는 사람과 실패하는 사람의 특성을 비교해보았습니다. 각 항목에서 현재 나는 어떤 태도에 가까운지를 진단할 수 있습니다.

이 책을 효과적으로 읽는 좋은 방법으로 먼저 자신의 가장 취약한 부분을 찾아내는 것을 추천합니다. 이어서 장마다 당신이 성공하는 사람 편에 가까운지 실패하는 사람에 가까운지 표기해보십시오. 각 장 끝에 성공을 위한 항목(Action Items)을 소개했으니 꼭 따라 해보시길 바랍니다.

사람의 습관이 한순간에 바뀌지는 않습니다. 변화란 본디 느린 것이지요. 그러나 변화하지 않는 관성을 변화하도록 바꾼다면 변화가 어려운 일만은 아닙니다. 지금부터 차근차근, 여러분을 변화시켜 줄 스무 가지 주제를 소개하겠습니다. 각각은 당신이 현재 어느 쪽으로 기울어졌는지 판단하는 척도가 될 것입니다.

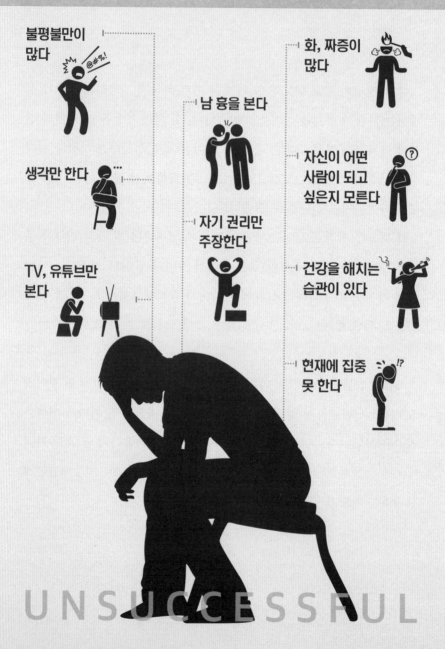

성공하는 사람과 실패하는 사람은 일할 때만 다른 게 아니다. 생활 습관이 배어 있는 평소 태도부터 성공하는 사람과 실패하는 사람은 완전히 다르다. 일하는 시간에도 평소 태도가 유지되기에 그렇다. 즉, 일할 때만 집중한다고 해서 반드시 성공에 이른다고 보장하기가 어렵다.

성공과 실패는 깊숙이 체화된 습관이다. 한순간 잠시 의식해서 태도를 바꾸는 문제가 아니라 인생 자체가 성공하는 습관이 되어야 한다. 평소 태도에서 성공하는 사람과 실패하는 사람은 어떻게 다를까? 함께 알아보자.

긍정적이고
감사하는 일이 많다

생산적인 이야기를
한다

기쁨, 활력이
넘친다

생각을
기록한다

자신이 되고 싶은
목록을 만든다

책을 읽는다

몸을 관리한다

남을
배려한다

현재에
충실한다

SUCCESSFUL

매사에
불평불만이
많다

@#%!

제1장

V

S

매사에

긍정적이고

감사해한다

> **이런 썩어빠진 세상.
> 나는 제대로 하는데
> 세상이 개판이야!**

> **야. 그게 될 거 같냐?
> 그렇게 다 맘대로 되면
> 세상이 얼마나 쉽겠냐?**

매사에 부정적인 사람들이 주변에 꼭 한 명씩은 있다. 자신이 하는 일에도, 다른 사람이 일을 시작할 때도, 사회 문제가 발생해도, 천재지변이 발생해도 늘 부정적으로 이야기한다. 이 사람의 불평에서 유일하게 빠져나가는 존재는 바로 자기 자신이다. 나는 잘할 능력이 있고 마음만 먹으면 언제든 성공할 수 있지만 "주변 여건이 이 모양이라서" "가진 돈이 없어서" "시간이 없어서" "누구 때문에"라는 핑계로 일을 진행할 수 없는 이유를 설명하려 든다.

다른 사람이 일을 시도하려 하면 그동안 그 일을 시도했던 사람들이 실패한 사례를 들고, 나름대로의 이유를 대며 초를 친다. 사회 문제가 발생해도 비판과 비난을 일삼기에 바쁘다. 그런데 그런 사람 이야기를 가만히 참고 계속해서 들어보라. 자신이 한때 부정적으로 말했던 것과 정반대되는 의견에도 부정적으로 말하는 자가당착적이고 우스꽝스러운 모습이 보일 것이다.

일관된 신념이나 가치관이 있어서 그런 게 아니고, 그저 매사에 불평을 늘어놓는 습성 때문에 그렇다는 이야기이다. 이런 태도로는 될 일도 제대로 될 수가 없다. 반면 성공하는 사람은 상식을 벗어나지 않는 수준에서 일어나는 모든 일에 긍정적이고 할 수 있다는 자신감을 가지며, 소중한 기회가 주어졌음을 감사히 여기는 습성이 있다.

캔버스에 먹칠하기 vs 어둠에 빛 더하기

캔버스에 아무리 아름다운 그림이 그려져 있다 해도, 그 위에 검은색을 뒤덮으면 그림은 검은색이 된다. 불평은 그런 검은색과 같다. 제아무리 좋은 여건, 유리한 상황, 절호의 기회를 갖춘 상황도 불평은 어김없이 실패로 귀결시킨다.

실패하는 사람들은 아주 작은 흠결만 찾아내도 기다렸다는 듯이 온갖 불만을 쏟아낸다. 물컵에 물을 찰랑일 때까지 부어도, 채워지지 않은 미세한 공간을 보며 "물이 모자라네!"라는 말을 하는 격이다. 이런 사람이 하는 일이 제대로 될 리가 없다.

반면 성공하는 사람의 행동은 어둠에 빛을 더하는 행동에 비유할 수 있다. 아무리 작은 불빛도 어둠을 밝혀주어 가까운 거리일망정 볼 수 있게 만든다. 점차 불빛의 세기를 키우거나 수를 늘리면 더 많은 부분이 밝아지고 더 멀리 볼 수 있게 된다. 긍정적인 태도는 어둠 속에서 빛을 밝히는 일에 비교할 수 있다.

세상에 '완전한 상황'은 없다. 불리한 상황과 유리한 상황이 있을 뿐이다. 따라서 긍정적인 면을 보고 시도하고, 현재의 기회에 감사하는 사람이 성공할 확률이 높아지는 건 당연한 일이다.

긍정은 기회를 만들고 성공 가능성을 높인다

긍정만으로 모든 것을 해결할 수 있다는 의미는 아니다. 아무 준비도 되지 않았으면서 무조건 장밋빛 미래를 낙관하는 사람을 옹호하고 싶은 마음은 없다. 다만, 불확실성이 높고 누구도 예측하기 어려운 일에는 '해보겠다'는 마음가짐이 큰 힘이 된다. 여기서의 **긍정은 "잘될 거야!"보다는 "방법이 있을 거야."가 더 잘 어울린다.**

전쟁에 나가는 장수가 온갖 핑계를 대면서 우리는 승리할 수 없다고 하는 상황이라면 적군에게 이길 턱이 없다. 제아무리 유리한 여건이라 해도 안 될 거라고 계속 생각하는 사람들에게 따라줄 행운은 없다.

긍정의 힘을 이야기하는 또 하나의 근거가 있다. 부정은 생각으로 그치지만, 의미 있는 긍정은 생각과 행동으로 이어진다는 게 그것이다. 생각만으로는 어렵고 막연하던 일들이 막상 시도해보니 손쉽게 풀리는 경우를 꽤 많이 접해보았을 것이다. 거대한 벽이 내 앞을 가로막을 때 "저 두꺼운 벽을 어떻게 뚫어? 절대 못 뚫지!"라고 생각하고 물러서면 그것으로 그 일은 실패로 끝난다. 그런데 혹시나 싶어 톡톡 두들겨 보았더니 모양만 시멘트벽일 뿐 얇은 석고벽이라는 걸 알게 된다면? 그 벽은 손쉽게 무너뜨릴 수 있다. 벽의 모양만 보고 부정적 생각을 품은 채 아무 시도도 하지 않는 사람이라면 결코 알 수 없는 내용을, 긍정적 사고를 바탕으로 행동한 사람은 알 수 있다.

긍정적인 사고는 "어디 한번 해볼까?"라는 마음과 같다. **한 번의 시도도 없이 해결되는 문제는 존재하지 않는다.** 부정적인 마음은 시작부터 실패의 열매를 가지고 있는 셈이다. 설령 생각에 그치지 않고 시도한다 해도 가려는 방향과 반대되는 마음이 자꾸 효율을 떨어뜨린다. 일의 결과가 좋게 나올 리 없다. 그러니 또다시 부정이 꼬리를 물고 이어진다. 그 이후에는 어떤 일을 해도 대부분 불리하고 부정적인 상태에서 시작하게 된다. 깊은 실패의 늪으로 들어서는 것이다.

긍정적인 사람은 다르다. 긍정적인 사람은 생각에서 그치지 않고 행동으로 이어간다. 그리고 한 번 잘 안 됐다고 바로 포기하지 않는다. 우리가 말하는 긍정은 막연히 "잘될 거야."가 아니라, "방법이 있을 거야."이기 때문이다. 처음 시도해서 해결되지 않았다면 그 방법을 반복해서 실행하거나, "또 다른 방법이 있지 않을까?"라고 사고를 확장한다.

생각이 실행으로 이어지고, 이런 과정이 반복되는 끝에 생각과 실행력이 고도화된다. 설령 실패하더라도 다른 방안을 생각하게 되고, 하는 일은 점차 정교해지며 성공에 가까워진다. 성공한 경험은 다른 일에도 긍정적인 영향을 미친다. 일단, 사기가 높아진 상태로 일을 시작하게 되고 시작부터 긍정적인 마음을 지니게 된다. 훈련도가 높아질수록 사기가 높은 사람이 성공에 이를 가능성이 높은 이유다.

감사하는 마음은 내 평판을 높인다

"항상 감사하라."라고 독자들에게 강요하고 싶은 생각은 없다. 나 역시 평소에 "항상 감사하라."라고 말하지 않으며 그 말을 믿지도 않는다. 어떻게 항상 감사하는 일이 가능하겠는가?

세상에는 맘에 들지 않는 일이 일어나기 마련이다. 앞서 긍정의 의미를 "무조건 잘될 거야."가 아니라고 했듯, 매사에 감사하라는 이야기 역시 어떤 상황에서든 긍정적으로 생각할 수 있는 영역, 즉 배울 점을 찾는 습관이라 생각해보겠다.

감사한다는 의미를 다음과 같이 바꾸면 상황에 따라 내가 감사해야 하는 영역이 달라진다. 모든 일은 다음 3가지 중 하나로 결론이 나는데, 이 경우 감사하는 마음의 쓰임새를 서로 달리 적용하면 좋다.

일이 잘되었을 때 >>>>>

일이 잘되면 감사하지 않을 이유가 없다. 일이 잘된 상황 자체와 함께 일을 성공적으로 이끈 동료들에게도 감사하면 된다.

일이 어느 정도 수준은 되었으나 완전히 만족스럽지 않을 때 >>>>>

이때부터 긍정적인 마음이 좋은 영향을 미친다. 완전히 실패한 건 아니지만 만족감보다는 미흡함이 느껴질 때, 그 일을 실패하지 않게끔 만든 긍정적인 원인을 파악하면 된다. 실패하지 않은 이유는 운이 좋아서일 수도 있고, 도와준 팀의 실력이 출중해서일 수도 있다. 경쟁이 치열하지 않아서일 수도 있다. 우선, 이번 일이 실패로 끝나지 않았다는 것을 생각하고 고마움을 전할 대상이 있다면 고마움을 전한다. 그 이후 부족한 부분의 원인을 분석한다.

일이 실패로 끝났을 때 >>>>>

이 경우에도 긍정적인 사람은 "거봐, 그럴 줄 알았어."로 상황이 흘러가게끔 놔두지 않는다. 이번 일이 실패로 끝났지만, 수고해준 주변 사람들에게 감사를 표하고 실패에서 배울 점을 정리한다.

에디슨은 백열전구를 개발하기 전까지 2천여 번의 실패를 반복했다. 실패에서 배울 점을 찾고 긍정적인 마음으로 실험에 임했기에 끝내 전구를 발명할 수 있었다.

에디슨이 한두 번 시도해보고 "거봐, 역시 안 되네."라고 생각했다면, 지금 우리는 밤에 환한 세상을 누리지 못할지도 모르는 일이다.

[그림 1] 전구를 개발한 발명왕 토머스 에디슨

감사하는 습관은 지난 일에서 개선할 영역을 찾아내고 다시 도전할 수 있게 만들어준다. 긍정적인 마음과 감사하는 마음은 일의 처음과 끝을 좋은 방향으로 이끌며 지속적으로 도전할 용기를 준다.

에디슨이 마침내 전구를 발명한 뒤 한 말을 되새길 필요가 있다.

"나는 2천 번을 실패한 게 아니다. 전구에 불이 들어오지 않는 2천 개의 방법을 알아낸 것뿐이다."

당대 최고의 발명가가 혀를 내두를 정도로 긍정적인 마음과 도전 정신을 가졌음을 알려주는 말이다. 난도가 높은 일일수록, 쉽게 풀리지 않는 일일수록 긍정적인 마음이 중요하다. 복잡하고 어려운 일이 한두 번의 시도 끝에 바로 해결될 가능성은 낮다. 몇 번 실패하다 보면, 누구나 부정적인 생각을 하게 된다. 그럼 더는 시도 자체를 하지 않게 된다. 일을 포기하는 것이고 이것이 곧 실패다. 바로 그때 "한 번 더!"를 외치게 만드는 것이 긍정적인 마음이다.

감사하는 마음은 일 측면에서만 좋은 영향을 주는 것이 아니라, 동료 관계에도 긍정적인 영향을 준다. 함께 일하는 동료가 있다면 그 사람에게 진심 어린 감사를 표하는 것으로 여러분의 인품은 인정받게 된다. 일이 실패로 끝났을 때 "거봐. 내가 이럴 줄 알았다니까!"라고 말하는 사람과 "이번 일은 아쉽게 되었지만, 그래도 도와주서서 정말 감사합니다."라고 말하는 사람의 일상이 모이고 쌓이면 그 격차는 상상할 수 없이 크다.

기껏 일을 도와주었더니 시종일관 서운한 티를 내는 사람과 "도와주

서서 이만큼이라도 할 수 있었다."라고 말하는 사람 중 여러분은 누구와 일하겠는가? 당신을 도와주려는 사람이 많을수록 당신이 하는 일이 성공으로 향하게 되는 것은 당연한 이치다.

명확한 상황 파악 이후 부정은 괜찮다

어떤 일의 가능성을 보기 위해 다각도로 조사하고 상황을 분석하는 경우가 있다. 조사 결과, 우리가 하고자 하는 일이 성공하기 어렵다는 결론에 이르렀다. 이 경우를 '부정한다'고 말할 수 있을까? 아니다. 이는 현실을 명확하게 인지한 것이라 해야 맞다.

무조건적 부정이란 면밀하고 다각적인 상황 분석 이후 결론을 내리는 것을 말하지 않는다. 일의 시작부터 그 일은 불가능하다고 말하는 것이 무조건적 부정이다. 면밀한 상황 판단 끝에 원하는 일을 시도하지 않는 편이 낫다는 결론이 나왔다면 이는 부정이 아니다. **근거 없는 부정이 잘못된 것이지, 명백한 근거가 있는 상태에서 일을 멈추는 것을 부정적인 마음가짐이라고 매도해서는 안 된다.** 그것은 오히려 상황을 객관적이고 냉철하게 인식했다는 긍정적인 증거다.

무조건적인 긍정을 경계하라

매사에 긍정적이며 감사하는 마음을 가지라는 것은 분명한 조건이 갖추어져 있을 때의 이야기이다. 긍정적이라는 말은 상황 판단과 인식을 하지 않은 채 덮어놓고 잘될 것이라고 믿는 마음이 아니다. 달려오는 자동차 앞에 서서 "괜찮아. 난 튼튼하니 차에 치여도 괜찮을 거야."라든가, "괜찮아. 차가 알아서 멈춰줄 거야." 같은 생각을 하는 것은 긍정이 아닌 무조건적인 긍정이다. 무조건적인 긍정은 오히려 독이 될 수 있다.

긍정적인 사고는 명확한 상황 인식과 일의 수준에 맞는 역량을 전제한다. 무조건적인 부정과 명확한 상황 파악이 엄연히 다르듯, 긍정적인 사고 역시 명확한 상황 인식이 전제되어야 한다. 자칫하면 무조건적인 긍정의 함정에 빠질 수 있기 때문이다.

모든 일을 의지만으로 해낼 수는 없다. 주어진 일을 하기 전에, 자신이 그 일을 할 역량을 갖추었는지 생각해볼 필요가 있다. 물론 노력해서 자신의 역량을 기를 수도 있지만, 단기간이라면 쉽지 않다. 지금 10kg밖에 못 드는 사람이 하루아침에 100kg을 들게 될 수는 없는 일이다. 도전하고자 하는 의지는 좋다. 하지만 최선을 다해도 도저히 불가능한 일에 지금 당장 뛰어들 필요는 없다.

위대한 일의 시작은 긍정으로부터

예외도 있다. 모두가 불가능하다고 말하는 일, 현실적이지 않다고 비웃는 일에 도전할 때는 가능한 일인지 따져보는 일 자체가 무의미하다. 그런 일의 성공은 오로지 그 일을 해낼 수 있다는 집념과 끊임없는 시도, 그리고 긍정하고 감사하는 마음의 복합적 작용에 달렸다.

영화 〈아이언맨〉의 실제 모델로도 유명한, 미국 테슬라의 CEO 일론 머스크Elon Reeve Musk. 현재 그는 전기차 회사 테슬라로 유명하지만, 일론

[그림 2] 스페이스 X 창업자,
테슬라의 CEO 일론 머스크

머스크의 가장 황당하고 위대한 사업은 바로 민간 로켓 기업 '스페이스 X'다. 천문학적인 비용이 들기에 국가 주도로 육성할 수밖에 없는 우주 산업을 일개 민간 기업이 시작했고 이제는 발사에 성공을 거두고 있다. 지금이야 일론 머스크가 워낙 유명하고 대단한 사람으로 인식되므로, 그가 우주 사업을 시도한 것도 당연해 보이지만, 사업 초기를 살펴보면 그 역시 말도 안 되는 우여곡절을 많이 겪었다. 처음 스페이스 X가 설립되고 그의 비전이 발표되었을 때, 비현실적인 아이디어라며 많은 사람이 비웃었다.

로켓을 만들어 우주에 인공물을 쏘기까지 엄청난 기술력과 돈이 들어간다. 국가 단위의 자금 지원이 없다면 불가능한 일인 데다, 일개 민간 기업에서는 로켓 제작을 할 수 없다는 의견이 대다수였던 터라, 일론 머스크를 향한 세간의 손가락질은 어쩌면 당연했다.

일론 머스크는 유능한 공학자들을 다수 섭외해 '팰컨1'이라는 로켓을 만들고 발사장까지 확보했지만, 세 번에 걸친 로켓 발사 시도가 모두 실패하는 쓴맛을 보았다. 어떤 면에서 이는 에디슨의 전구 실험 2천 번보다 더 뼈아픈 실패였을 수 있었다. 왜냐하면 로켓 발사는 막대한 자본금이 투입되는 일이며, 이를 세 번이나 실패했다는 것은 사업의 존폐와 직결되는 일이기 때문이다.

그때 일론 머스크가 부정적인 마음을 가지고 멈추었다면 그의 신화는 거기서 끝이었을 것이다. 그는 세 번의 실패를 극복하고 네 번째 발사를 극적으로 성공시켰다. 이는 민간 기업에서 위성 발사를 성공시킨 최초의 기록이었다. 2020년 7월 발사한 대한민국 최초의 군수 위성 '아나시스 2호' 위성 역시 스페이스 X의 로켓인 '팰컨9'에 실려 우주로 향한 바 있다.

일론 머스크의 도전은 단지 로켓을 쏘아 올리는 것에서 그치지 않았다. 한 번 쏘아 올리는 데 막대한 자금이 드는 원인을 발사체 재활용이 불가한 것으로 판단하고 회수 가능한 발사체를 제작했다. 한 번 쓰고 버려지던 로켓을 송환해 연료를 충전하면, 다시 제 기능을 하는 로켓이 되는 것이다. 2015년 성공한 이 기술로 스페이스 X는 약 3조 원에 달하는 지원금을 나사NASA로부터 수령하게 되었다.

모든 일이 될지 안 될지 재보고 따졌다면, 세상의 모든 위대한 일은 일어나지 않았을 것이다. 에디슨의 전구도, 일론 머스크의 우주선도, 스티브 잡스Steve Jobs의 아이폰도, 삼성전자의 반도체도 존재하지 않았을 것이다. 그리고 말도 안 되는 놀라운 일들의 중심에는 늘 '긍정'이 자리 잡고 있었다.

긍정은 만능이 아니다. 하지만 긍정 없이는 그 어떤 위대한 일도 없다.

제1장 / 당신의 유형은?

체크 표시(✔) 하시오.

Fatal Failure ☐   Super Success ☐

"야, 그게 될 거 같냐?"며 매사에 부정적이고 불평이 많다.

주변에 항상 고마운 마음을 가지고 늘 긍정적이다.

세상의 다양한 일에서 부정적인 요소만 본다. 남 일이 잘되면 폄하하고, 잘 안 되면 그럴 줄 알았다는 태도를 취한다. 팀이 하려는 일에서도 어떻게든 부정적인 요소를 찾아내고, 잘 안될 이유만 설명한다.

안 되는 이유를 찾기 전, 해보겠다는 자신감에 넘친다. 설령 실패하더라도 실패에서 성공 요소를 찾고, 함께 일한 사람들에게 감사하는 태도를 지닌다. 하는 일도 잘되고 주변 관계도 좋다.

당신의 슈퍼 성공을 위한 아이템!
Action Items for Super Success

Q 최근 당신이 잘 안 될 것이라 생각한 일이 있는가? 있다면 적어보라. 정말 불가능한 일이었는지 다시 생각해보자.

A

Q 최근 가장 잘됐던 일은 무엇인가? 그 일을 적어보라. 그 일을 처음 시작할 때의 마음가짐도 적어보라.

A

Q 주변 사람에게 최근 당신이 건넨 긍정의 말은 무엇이었나? 부정의 말은 무엇이었나? 한번 적어보라.

A

머릿속에서 생각만 한다

한다

제2장

V

S

생각을
기록한다

> **기가 막힌 아이디어가 있어.**
> **그게 뭐냐면**
> **그러니까….**

> **아유, 답답해! 내가 엄청난**
> **생각을 해놨는데 기억이**
> **나질 않네.**

살면서 누구나 한 번쯤 이런 식의 말을 해본 적이 있을 것이다. 그럴 듯한 아이디어, 혹은 세상을 바꿀지도 모를 위대한 생각이 떠올랐는데 누군가에게 말하려고 하니 생각이 나지 않는 것이다. 이럴 때 마음은 답답하기 그지없다. 그럴 만도 하다. 세상을 바꿀 아이디어를 잊어버리다니! 이 아이디어로 내 인생이 뒤바뀔 수도 있는데 그 귀중한 걸 잊어버리다니! 자신을 자책해보지만, 이상하게도 똑같은 일이 반복된다. 그럴 듯한 아이디어뿐만 아니라, 누군가에게 말하려 했던 간단한 이야기도 수시로 잊는다.

회사에서 프레젠테이션 슬라이드를 만드는 경우를 생각해보자. 다짜고짜 파워포인트 프로그램부터 켜고 문서를 작성하는 사람들이 있다.

한참 작업을 진행하다가 깨닫는다. '뭔가 스토리라인이 꼬였는데?' '어디서부터 어떻게 풀어야 하지?' 머리를 싸매고 고민해보지만 이미 이야기가 산으로 흘러간 지 오래다. 오늘도 야근 당첨이다. 다른 누구의 탓도 아닌 자기 탓으로.

한두 번이야 그럴 수 있다지만, 이런 습관이 기본인 사람은 성공에 가까이 다가가기 어렵다. 실패하는 사람들은 이 사례처럼 머릿속에서만 생각이 맴돌 뿐이다. 반면, 성공하는 사람들은 생각을 글로 정리한다. 거창한 문장으로, 체계적으로 정리할 필요까지는 없다. **좋은 생각이 떠오르는 즉시, 몇 가지 키워드만 적어놓으면 된다.**

나는 글을 매우 빨리 쓰는 편에 속하는데, 그 이유는 평소에 생각을 글로 정리해두기 때문이다. 좋은 아이디어가 문득 생각나면 재빨리 연관된 핵심 단어들을 휴대전화나 메모장에 적어둔다. 그 단어들을 가지고 줄글을 만들어내는 데는 그리 오랜 시간이 걸리지 않는다. 나는 자리에 앉아 컴퓨터를 켠 순간에야 비로소 "어떤 글을 쓸까?"를 고민하지 않는다. 과거에 기록해둔 몇몇 단어를 연결해 한 가지 주제의 글을 작성한다.

진동이 없는 고요한 곳에서는 기온을 영하 이하로 낮추어도 물이 얼지 않고 과냉각 상태로 남는다. 물의 온도가 0도보다 낮은데 여전히 물인 상태다. 여기에 소금 결정 한두 개만 떨어뜨리면 물은 순식간에 얼어버린다. 기록은 그 순간의 소금과 같다. **아주 적은 양의 소금이 물을 순식간에 얼음으로 만들 듯, 좋은 생각이 번쩍였을 때 기록해둔 몇몇 단어는 장문의 글을 순식간에 완성하는 결정적 역할을 한다.**

멋진 생각의 출발점은 누구에게나 크게 다르지 않을 수 있다. 그 생각을 간직하고 있느냐, 그렇지 않느냐가 성공하는 사람과 실패하는 사람을 가른다.

수시로 메모하는 위대한 습관

기록의 힘을 대수롭지 않게 여기는 사람들이 많다. 나는 머리가 좋아서 굳이 기록할 필요가 없다고 자신만만하게 말하는 사람들도 종종 본다. 하지만 그런 사람 중 진짜 성공에 다가가고 있는 사람을 본 기억은 별로 없다. 메모가 필요 없을 정도로 아무리 머리가 좋다고 한들 아인슈타인Albert Einstein, 레오나르도 다빈치Leonardo da Vinci, 에디슨Thomas Edison, 링컨Abraham Lincoln보다 머리가 좋을까?

아인슈타인은 대학 졸업 후 특허청에 취직했는데, 이때부터 틈나는 대로 자신의 생각을 메모하고 그 내용을 시각화했다. 그래야 위대한 발견을 할 수 있다고 믿었다. **수시로 메모하던 습관은 아인슈타인이 한 시대를 아우르는 위대한 과학자가 되는 데 큰 도움이 되었다.**

레오나르도 다빈치도 비슷했다. 그는 생전에 3만여 장에 달하는 메모를 남길 만큼 메모광이었다. 2014년에는 레오나르도 다빈치의 메모를 담은 책《코덱스 해머》가 3,100만 달러(약 372억 원)에 마이크로소프트 창업자인 빌 게이츠에게 팔리기도 했다. 발명왕 에디슨은 "자신이 접하는 모든 정보를 기록하라."라고 했으며, 미국의 16대 대통령 링컨도 모자에 항상 필기구를 꽂고 다녔을 만큼 '기록의 힘'을 믿은 위인이다.

한 시대를 휩쓸었던 석학과 이른바 '천재'라는 사람들조차 이처럼 메모의 필요성을 역설했다. 만약 당신이 머리가 좋다는 이유로 메모를 하지 않는다면, 이제 생각을 바꾸어야 하지 않을까?

기록은 그 자체로 힘이 있다. 순간 스치는 아이디어를 기록하는 일이 당신에게 큰 힘이 되어줄 것이다. 장문의 글을 쓰거나 구조화된 보고서를 쓸 때도 기록은 반드시 필요하다. 앞선 사례에서, 프레젠테이션 슬라이드를 만들 때 가장 먼저 해야 할 일은 파워포인트 프로그램을 켜는 게 아니라, 이야기의 근간을 구성할 스토리라인을 작성하는 것이다. 기록은 단순히 망각에 대한 대응책이 아니라, 자칫 자신도 모르게 왜곡될 수 있는 내용을 명확히 기억하게끔 해주는 장치가 된다.

또렷이 기억한다고 믿었는데, 기록을 살펴보면 기억과 사뭇 달랐던 경험이 누구나 있을 것이다. **기억은 왜곡을 동반한다. 단순히 잊어버리는 것보다 기억의 왜곡이 더 큰 문제일 수 있다.** 만약 왜곡된 기억이 중요한 의사 결정을 하는 데 결정적인 영향을 준다면 어떻게 될까? 돌이킬 수 없는 실패로 이어질 것이다.

의사 결정을 정확하게 하려면 정확한 상황 인식이 필요하다. 최소한 상황을 왜곡해서는 안 된다. 성공하는 사람들은 기록으로 기억의 왜곡을 최대한 줄이려고 하는 반면, 실패하는 사람들은 자신의 기억에만 의존해 잘못된 판단을 내리곤 한다.

기록은 다음 단계를 위한 발판이다

다양한 의사소통 수단 중에서 글이 중요한 이유는, 고도화된 기록을 만드는 첫 단추가 글이기 때문이다. 앞서 언급했듯, 장문의 글을 작성하는 데도 단어 몇 개가 모티프가 된다. 정리되지 않은 생각을 브레인스토밍 형식으로 나열한 다음, 여러 가지 생각을 이어서 구조화된 생각으로 정리할 수 있다.

제아무리 명석한 사람도 기록 없이 생각의 구조화를 이룰 수 없다. 가치 있는 자료를 만들려는 생각이 일목요연하게 구조화되어야 하고, 이런 구조화 작업은 사소한 기록에서 출발한다. 수백 페이지가 넘는 두꺼운 책도, 어려운 논문도, 고도화된 비즈니스 문서도 그 시작은 언제나 몇 단어, 몇 문장이다. 그 기록의 중요성을 모르는 사람들이 좀 더 정교하고 고도화된 결과물을 산출해낼 수는 없다.

거대하고 복잡한 건축물도 결국 벽돌 한 장, 철골 구조물 하나부터 시작하는데, 글이라고 다르겠는가? 어떤 글이든 초기의 기록은 거대한 건축물에서 벽돌 한 장과 같은 역할을 한다.

위대한 작품은 처음부터 끝까지 선형적으로 만들어지는 것이 아니라, 중간중간 이어지는 마일스톤(milestone)이 존재한다. 여기서 마일스톤이란 일을 진행하는 데 중요한, 혹은 결정적인 단계를 뜻한다. 이 마일스톤을 어떻게 연결해서 확장된 이야기를 담을지 고민하는 사람과 머릿속에서 생각만 하는 사람이 내놓는 최종 결과물은 당연히 품질이 다르다.

지금 여러분이 읽고 있는 이 책도 처음부터 줄글 형식으로 써 내려간 것이 아니다. 처음에는 '성공하는 자와 실패하는 자'에 대한 책을 쓰겠다는 생각에서 출발했고 이를 평소 태도, 일을 시작할 때, 일을 진행하는 도중, 일을 마무리한 뒤 단계로 나누는 구조화 작업을 진행했다. 그다음에는 각 단계에 해당하는 소주제들을 나열해 배치하고, 배치한 주제별로 줄글을 써 내려가며 책을 완성했다.

이런 구조를 '트리 구조tree structure'라고 하는데, 일이 고도화되는 과정은 대부분 이 트리 구조를 따른다(그림 3 참조).

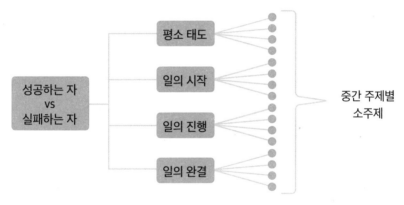

[그림 3] 이 책 집필을 위한 트리 구조.
많은 분량의 책도 처음부터 끝까지 써 내려가는 게 아니라 소주제별 마일스톤을 만들어놓고 진행한다.

생각을 머릿속에만 놔두고 기록하지 않는 사람은 이 같은 트리 구조를 만들어낼 수 없다. 구조가 잡혀 있지 않으니 생각이 흘러가는 대로 즉흥적으로 판단하고 행동하게 된다. 결과물도 정교하지 못하다. 시작조차 하지 못하고 계획 단계에서 좌절하는 경우도 흔하다.

성공하는 사람은 어떤 일이든 실행하기에 앞서 완결을 목표로 마일스톤을 잘 설정하고 그것을 기록함으로써 좀처럼 흔들리지 않는 이정표를 세운다. 그 이정표 내부를 단단히 채워 넣고는 수준 높은 결과물을 만들어낸다.

단순하게 생각했던 기록이 실은 얼마나 중요한 것인지 수긍할 수 있겠는가? 지금부터라도 순간적으로 떠오르는 아이디어를 기록하는 습관을 가져보자. 아이디어를 기록하는 습관이 당신을 성공으로 이끄는 디딤돌이 될 것이다.

제2장 , 당신의 유형은?

체크 표시(✔) 하시오.

Fatal Failure ☐   Super Success ☐

머릿속에서만 생각이 맴돌 뿐이다.   **생각날 때마다 기록하는 습관이 있다.**

뛰어난 아이디어가 많다고 말은 하지만 좀처럼 내놓질 못한다. 일을 할 때도 임기응변식으로 해결하려 들기 때문에 수준 높은 결과물을 도출할 가능성이 매우 낮다.

순간순간 떠오르는 좋은 아이디어를 기록한다. 기록을 기반으로 구조화와 마일스톤 설정을 잘한다. 기억을 왜곡하거나 망각할 가능성이 낮아서 어떤 일이든 좋은 결과물을 낼 가능성이 높다.

당신의 슈퍼 성공을 위한 아이템!
Action Items for Super Success

Q 당신은 메모하는 습관이 있는가? 있다면 어떻게 하고 있는지 구체적으
로 적어보라.

A

Q 메모를 구조화 작업으로 하고 있는가? 본문을 참고해 마일스톤을 설정
하고 트리 구조를 만들어보라. 최근 당신이 생각하고 있는 주제를 트리
구조로 메모해보라.

A

TV, 유튜브 같은 것만 본다

제3장

V

S

책을
자주
읽는다

> **세상에 좋은 정보가
> 유튜브에 널렸는데
> 책은 뭐 하러 읽어?**

> **구글 검색해보고 네이
> 버 지식인에 물어보면
> 다 나와.**

구글과 네이버 그리고 유튜브면 세상 모든 정보에 접근할 수 있다고 자신하는 사람들을 종종 본다. 만약 당신이 그렇다면 당신은 구글의 비전^{vision statement}을 너무 신봉하는 건 아닌지 돌아볼 필요가 있다. 왜냐하면, "한 번의 클릭으로 세상 모든 정보에 접근할 수 있도록 한다."라는 것이 구글의 비전이기 때문이다.

세상에 존재하는 무료 정보가 정보의 전부라고 생각하는 사람들이 참 많다. 그러나 이는 완전히 잘못 생각하는 것이다. 아니, 좀 더 솔직히 말하면 **의미 없이 시간을 보내는 일을 그럴듯하게 포장하는 행위에 불과하다.**

TV를 '바보상자'라고 표현하는 건 이미 오래된 일이다. 왜 TV가 바보상자일까? 책은 안 읽고 TV만 보면 바보가 될 수 있다는 우려는 일리가 있다. 미디어의 발달과 모바일, 인터넷의 발달은 TV가 수행했던 바보상자의 영역을 유튜브나 넷플릭스로 옮겨 놓았다.

사람이 기계도 아니고 쉬는 시간에 유튜브, 넷플릭스, 혹은 TV를 보는 게 뭐 그리 잘못이냐고 항변할 이들도 있을 것이다. 쉬는 시간에 잠깐씩 보는 걸 뭐라 하는 게 아니다. TV, 유튜브, 넷플릭스 시청에 매일 막대한 시간을 들이는 건 문제라는 이야기이다. 만약 당신이 성공하고 싶은 사람이라면 말이다.

시간 낭비와 정보의 질이 문제다

영상 채널 홀릭은 여러 측면에서 문제가 있지만, 큰 문제 중 하나는 **시간을 막대하게 소모한다는 점이다.** 삶에 활력을 준다는 의미에서 재미를 위해 시간을 쓸 수 있고 또 써야 한다. 그러나 이런 영상 채널에 시간을 뺏기는 걸 영양가 있는 재미라고 보기는 어렵다. 굳이 구분하자면, 영상을 보는 재미는 영양가 없는 단순한 재미이며, 시간 가는 줄 모르고 영상을 시청하는 것은 재미와 시간을 등가 교환하는 행위이다. 세상에서 가장 소중한 자원이 시간이라는 점을 생각해볼 때, 단순한 재미에 너무 많은 시간을 쏟는 행위는 성공을 향해 나아가고 싶은 사람이라면 경계할 필요가 있다.

나는 영화는 즐겨 보지만, 드라마는 좀처럼 보지 않는다. 사실상 드라마와 영화 모두 즐거움을 주는 영상 예술이지만, 영상을 보는 시간은 영화보다 드라마가 훨씬 길다. 비슷한 수준의 즐거움을 느끼기 위해 영화는 두세 시간이면 충분한 반면, 드라마는 짧아도 6시간 이상, 긴 드라마는 수십 시간을 써야 한다. 내 시간을 그 정도로 써야 할 만큼 대단한 즐거움을 주는가? 내 경우는 그렇지 않았다. 여러분도 무턱대고 보기 전에 과연 그런지 냉철히 따져보길 바란다.

단순히 시간을 버리는 측면만 생각해서 영상을 자주 보는 행동이 좋지 않다고 하는 건 아니다. 정보의 질도 문제다. 누군가는 유튜브나 넷플릭스 등에서 얻을 수 있는 정보가 얼마나 많은데 그렇게 말하느냐고 반문할 것이다. 일부 도움이 되는 채널이 있다는 점은 나 역시 인정한다. 그러나 유튜브나 넷플릭스에서 얻을 수 있는 정보는 비교적 수준이 낮고 깊이도 그리 깊지 않다.

유튜브와 넷플릭스, TV에서 얻을 수 있는 지식은 시류에 민감한 내용이 많다. 지금 알면 좋을 시사 상식, 토막 지식 등은 영상으로 습득하는 게 더 빠를 수 있다. 그러나 거기서 깊이 있는 내용을 얻었다고는 믿지 말라. 영상 매체는 깊이 있는 지식을 다루기보다는 시류에 맞는 얕은 지식을 빠르게 펴 나르는 데 좀 더 적합한 매체이기 때문이다.

진짜 고급 정보는 구글링해도 안 나온다

이런 영상 매체로 접하는 정보가 모든 정보라고 착각하는 태도 역시 매우 위험하다. 세상에는 무료로 제공되지 않는 값비싼 정보들이 존재한다. 전문가 서비스Expert Network Service라는 것을 들어본 적이 있는가?

전문가 서비스란 산업군별로 핵심 역할을 담당했던 사람들을 등록해 시중에서 구하기 어려운 정보를 이들의 입으로 생생히 제공하는 서비스를 말한다. 이들과의 인터뷰는 보통 전화통화로 하는데, 1시간 통화에 최소 150만 원 정도가 든다. 너무 비싼가? 누구에겐 비쌀 수 있지만 수십억, 수백억의 의사 결정을 하는 데 도움이 된다면 150만 원은 결코 비싼 비용이 아닐 것이다.

이런 정보는 구글과 유튜브, 넷플릭스, 혹은 TV에서 절대 접할 수 없다. 최고급 정보들과 리포트는 수천만 원에서 수억 원에 거래되고 있고, 당연한 이야기지만 이런 정보가 인터넷에서 검색 몇 번으로 나올 리 없다.

성공하는 사람들은 이런 고급 정보의 가치를 인정하고 비용을 투자한다. 반면, 실패하는 사람들은 단순히 정보의 양이 많다는 이유로 그 정보가 세상의 전부라고 믿는다. "구글이면 다 되는데 뭐 하러?" "네이버 지식인에 다 나와!"라는 시대착오적인 이야기만 한다.

물론, 기업이 아닌 개인이 지식을 습득하기 위해 매번 수백만 원짜리 비싼 인터뷰를 신청할 수는 없다. **그렇다면 개인이 지식을 습득하는 가장 좋은 방법은 무엇일까? 바로 책을 읽는 일이다.** 모든 책이 좋은 정보를 담고 있다고 말할 수는 없다. 다만, 좋은 책은 TV를 비롯한 영상 매체와는 비교할 수 없이 깊은 지식을 담고 있다.

고민의 깊이가 남다른 책만이 좋은 책이라 할 수 있다. 만약 책의 가치가 영상으로 대체될 수 있는 수준이었다면, 세상에서 책은 이미 자취를

간추었어야 한다. 그런 일은 벌어지지 않았고, 앞으로도 벌어지지 않을 것이다. 독서 인구가 점차 줄고 있다고는 하지만, 독서하는 소수의 사람은 더욱 수준 높은 정보에 접근하며 그렇지 않은 사람들과의 격차를 꾸준히 벌려나갈 것이다.

독서는 행위 자체로도 영상을 보는 일과는 상반된다. 책을 읽는 행위는 스스로 해야 하는 '능동적 행위'인 반면, 영상을 보는 일은 남이 떠먹여 주는 '수동적 행위'라는 점에서 그렇다. 리모컨 버튼만 누르면 알아서 모든 게 진행되는 영상 시청이 독서보다 훨씬 쉽다.

더워서 흘린 땀과 운동으로 흘린 땀의 성분이 다르듯, 수동적인 행위로 얻는 지식과 능동적인 행위로 얻는 지식은 당연히 품질이 다르다. 책은 '사고하며 읽게 되는' 반면, 영상은 '아무 생각 없이 봐도 되는' 매체다. 지식이 쌓이는 방식이 다르니 깊이 면에서도 차이가 날 수밖에 없다.

책이라는 매체는 집필할 때 고민하고 정돈하는 성격이 비교적 강하다. 단순히 몇 마디 말로 때우는 일과는 차원이 다르다. 나 역시 책을 쓸 때 수십 차례 읽고 검토하고 수정하고 내용을 첨삭하고 구조를 바꿔본다. 세계적인 대작가들은 나보다 더 하면 더 하지, 덜할 리 없다. 좋은 책에서 날것이 아닌 정제하고 정제한 끝에 나오는 '정수'를 만날 수 있다는 이야기이다.

좋은 지식을 얻으려고 매번 세계적인 석학들과 인터뷰를 진행할 수는 없다. 만나는 시간을 잡기도 어렵거니와 비용 문제도 있을 것이다. 그러나 그들이 쓴 책은 비싸도 몇만 원이면 읽을 수 있다. 그 정도 비용조차 여의치 않다면 도서관이라는 좋은 공간이 있지 않은가? 이렇게 환경이 잘 갖추어져 있는데도 책을 읽지 않는다면, 그건 단순히 게으르고 귀찮아하는 사람이라는 증거다.

독서광에서 세계적인 부자로 거듭난 사람들

바빠서 책 읽을 시간이 없다면서 TV, 넷플릭스, 또는 유튜브에 빠져 있는 건 아닌지 자신을 돌아보자. 그 시간의 10분의 1이라도 책 읽는 데 투자한다면 제법 많은 책을 읽을 것이다.

영상 매체가 범람하고 있는 세상에서도 세계의 명사들은 여전히 독서의 중요성을 강조하고 있다. 마이크로소프트의 창업주이자 세계 제일의 부자로 알려진 빌 게이츠^{William Henry Gates III}는 어려서부터 소문난 책벌레였다. 매일같이 방에 틀어박혀 책만 읽었다고 한다. 빌 게이츠의 사회성을 길러주기 위해 어머니가 별도로 노력했을 정도다.

빌 게이츠는 '생각 주간'이라고 하여 1년에 1~2회씩 외부와 접촉을 끊고 오롯이 독서와 사색에 잠기는 시간을 가진다. 무엇보다 1시간에 150쪽을 읽고, 한 번 읽은 것은 90%를 기억할 정도로 높은 지적 능력을 보유하고 있다. 그가 읽는 책은 과거와 현대를 관통하는 대가들의 책이 대부분이다.

세계적인 경제학자, 노벨상 수상자들의 책

[그림 4] 마이크로소프트 창업주
빌 게이츠

을 즐겨 읽는다는 빌 게이츠는 자신의 관심 분야 중 특히 대가들의 책을 골라 읽는 것으로 유명하다. 그는 원한다면 그런 대가들을 직접 만나 인터뷰할 수도 있을 것이다. 그러나 그렇지 않고 독서를 택했다는 것은 책을 읽는 것만으로도 충분했다는 이야기이다.

'오마하의 현인'으로 불리는 투자의 대가 워런 버핏^{Warren Edward Buffett} 역시 독서광으로 유명하다. 하루 깨어 있는 시간의 80%를 책 읽는 데 사용한다는 버핏은 "인생을 바꿀 가장 위대한 비책은 독서"라는 말을 할 정도로 독서의 중요성을 강조했다.

워런 버핏이 투자의 길에 뛰어든 것은 책 한 권이 계기가 되었다고 한다. 당시 주식 시장은 단기 트레이딩이 투자의 모든 것으로 받아들여지던 분위기였는데, 버핏은 벤저민 그레이엄이 쓴《현명한 투자자》를 읽고 큰 충격을 받았다. 벤저민 그레이엄은 투기가 판치는 주식시장에서 처음으로 과학적인 투자 방법을 제시한, '가치투자'의 아버지 같은 존재였다. 버핏이 "10년 동안 보유할 주식이 아니라면 10분도 보유하지 말라."라고 한 것은 벤저민 그레이엄의 영향이 아니었을까?

[그림 5] 버크셔 해서웨이 회장인 워런 버핏. 잘 알려진 독서광 중 한 명이다.

독서는 대가들이 인정하는 최고의 성공 방법이다. 물론 아무 책이나 읽는 것을 권하지는 않고, 좋은 책을 고를 수 있는 눈을 가져야 한다. 일단 베스트셀러에 집착하는 태도는 좋지 않다. 저자의 약력을 보고 저자가 책의 주제와 연관된 일을 얼마나 했는지 살펴본다. 목차를 보며 구조가 잘 짜였는지 검토한다. 이 정도만 해도 형편없는 졸작은 어느 정도 걸러낼 수 있다.

다시 강조하지만, 내 모든 시간을 치열하게 사는 데 다 쏟아야 한다는 이야기가 아니다. 재미있고 즐거운 일에 인생을 쓸 줄도 알아야 한다. 그러나 너무 많은 시간을 의미 없는 일에 흘려보낸다면 성공과는 점차 거리가 멀어질 것이다.

능동적인 독서의 힘

지금까지 영상 매체에 들였던 시간의 절반이라도 책 읽는 습관에 들여 보면 어떨까? 워런 버핏의 말처럼 당신의 삶이 성공으로 바뀌는 가장 빠른 방법은 독서에 있을 가능성이 높기 때문이다.

책을 읽을 때도 방법이 필요하다. 책도 마치 영상을 보듯 눈으로 훑어 내려가면서 읽을 게 아니라, 문장에 담긴 의미를 생각하고 책의 저자와 토론하듯 읽으면 훨씬 능동적으로 독서를 하게 된다. 책을 읽으면서 **'이 상황을 지금 내 상황에 적용한다면 어떻게 해야 하는가?' 등을 고민하며 읽는 편이 무심코 읽는 것보다 훨씬 더 많은 것을 얻게 해준다.**

나는 경영 분야에 관심이 많다 보니 역사적으로 유명한 경영자들의 서적을 즐겨 읽는다. 책에서 직접적인 지식을 얻는 것은 물론이고, '왜 이 상황에서 이런 판단을 했을까?' '내가 저 사람이었다면 어떻게 생각했을 까?' 등을 고민하면서 책을 읽는다. 평소 내가 생각했던 것과 비슷한 내용이 나오면 내가 올바른 방향으로 커리어를 쌓아가고 있다는 생각에 한 층 기쁘게 책을 읽을 수 있다.

독서는 운동과 비슷하다고 생각한다. 시작하기는 어려운데 일단 시작하면 가속이 붙는다. 독서는 영상을 보는 것보다 시작이 단지 어려울 뿐이다.

수많은 대가가 입을 모아 독서의 장점을 이야기한다. 독서가 성공에 다가가는 가장 좋은 방법이 맞다면, 지금 당장 TV를 끄고, 유튜브를 종료하고 책을 열어보는 건 어떨까?

제3장 ⁄ 당신의 유형은?

체크 표시(✔) 하시오.

Fatal Failure ☐   Super Success ☐

유튜브, TV 등 영상만 들여다본다. **책을 많이 읽는다.**

단순 재미를 추구하는 일에 너무 많은 시간을 사용한다. 인터넷 검색 정보, 영상 매체에 나오는 정보가 이 세상에 존재하는 정보의 전부라고 착각한다. 초고급 정보의 존재 자체를 몰라 시야가 좁다.

책에서 시대의 대가들이 내놓은 정수를 손쉽게 얻는다. 고급 정보, 심도 있는 정보, 세상이 바뀌어도 변치 않을 본질에 관련된 정보를 안다. 더 넓은 세상이 있음을 알고, 그 세상에 도전할 용기를 갖는다.

당신의 슈퍼 성공을 위한 아이템!
Action Items for Super Success

Q 작년 한 해 책을 몇 권 읽었는가?

A

Q 올해 독서 계획을 세웠는가? 세웠다면 한 달에 몇 권, 혹은 일주일에 몇 권 식으로 구체적으로 적어보라.

A

Q 독서 노트가 있는가? 있다면 거기에 주로 어떤 내용이 들어가는가? 한번 써보라. 독서 노트가 없다면, 이번 기회에 마련해서 책을 읽으며 느낀 점 과 현재 내 삶에 적용할 수 있는 방안을 기록해보자.

A

Q 독서 계획이 없다면 지금이라도 세워보고 적어보라. "1달에 1권 이상의 책을 읽는다." 같은 계획도 좋다.

A

남 험담을
자주
한다

제4장

V

S

생산적인
이야기를
주로 한다

> **솔직히, 걔 좀 별로지 않냐?
> 잘하는 것도 없으면서 맨날
> 잘난 체야.**

> **너한테만 하는 이야기인데
> 걔 있잖아….**

　면전에서는 아무 소리 않다가, 없는 데서 남들 이야기를 하는 사람들이 있다. 당사자가 없는 데서 좋은 이야기를 하진 않을 테고, 주로 흉을 본다. 누군가 자리를 비운 순간, 그때까지 가만히 있던 사람이 돌변해 자리를 비운 사람을 험담하기 시작한다. 험담의 대상은 직장 상사와 동료, 심지어 오랜 친구도 포함된다.

　단점 없는 사람이 어디 있겠는가? 완전무결한 사람이 어디 있는가? 그런데 이런 험담꾼들에겐 누군가에게 단점이 존재한다는 사실 자체가 참을 수 없는 일인가 보다. "친하니까 너한테만 하는 이야기인데…." 하면서 누군가를 욕하는 사람은 알고 보면, '너한테만'이 아니라 '모두에게' 같은 식이다. 험담하다가 발각돼 사이가 완전히 틀어지는 경우도 비일

비재하다.

　이런 사람들의 공통된 특징이 있다. 타인의 잘못에는 기를 쓰고 달려들고 험담하기에 바쁘면서 자신이 하는 일에는 언제나 상황과 사정이 있고 자신은 결코 나쁜 사람이 아니라고 합리화한다는 점이다. 속된 말로 '내로남불'이라고 하는데, 타인에 대해선 굳이 보이지 않는 흠결까지 들춰내서 죽일 듯 물어뜯고, 자신에 대해선 비슷한 잘못, 아니 더한 잘못도 핑계를 대며 어쩔 수 없었다고 주장한다. 이런 사람들은 말하자면, 곁에 있으면 '기 빨리는' 사람들이다.

험담하면 주변에 남는 사람이 없다

　험담하는 행위는 실패를 부르는 전주곡이다. 남의 험담을 즐기는 사람들이 실패에 이르는 것은 조금만 생각해봐도 너무나 당연한 일이다. 왜냐하면 타인을 험담하는 태도는 주변 사람에게도, 그리고 아주 운이 좋아 혹시나 높은 자리에 올랐을 때 자신에게도 부정적으로 작용하기 때문이다. 자신을 제외한 대부분의 사람들에 대해 부정적인 이야기를 일삼고 다니는 사람들은 어떤 일을 맡아도 투덜대기 마련이며, 그런 태도로 하는 일이 잘될 가능성은 매우 낮다. 남 이야기에 시간을 소모하는 것은 그 누구보다 자기 자신에게 해로운 일이다.

　그뿐만이 아니다. 남을 험담하는 성향이 있는 사람들은 이를 눈치챈 주변 사람들의 기피 대상이 되면서 진짜 남의 도움이 필요할 때 도와줄 사람을 찾지 못하게 된다. 그런 사람이 홀로 일을 마무리할 수 있을 만큼 출중한 능력을 지녔을 리 만무하거니와, 설사 출중한 능력이 있다 하더라도 혼자 힘으로 모든 일을 처리할 수는 없다. 팀플레이로 해야 하는 일에서 그는 결국 도태될 수밖에 없다.

《삼국지》에서 여포는 당시로선 가장 강력하다는 '방천화극'이라는 무기를 손에 쥐고도 천하를 통일하지 못했다. 그는 사실상 천하 통일 근처에도 가지 못한 채 생을 마감했다. 아무리 실력이 뛰어난 사람이라도 혼자 힘으로는 큰일을 해낼 수 없고, 여포처럼 강력한 무기를 장착할 가능성도 희박하다. 그런데 타인을 힐난하고 헐뜯으면 어찌 되겠는가? 결국 혼자 남게 되고 실패라는 쓰디쓴 잔을 들게 될 것이다.

과거 행실로 하루아침에 무너질 수 있다

당신은 능력이 뛰어나고, 혼자 힘으로 지금까지 모든 걸 헤쳐왔으니 혼자 남아도 성공할 수 있다고? 좋다! 백번 양보해서 그렇다 치자. 그러나 늘 주변 사람들을 험담하고 깎아내리며 살아왔다면, 어느 정도 성공에 가까워진 뒤에도 끝내 그 행실로 크나큰 시련에 봉착할 수 있다. 과거에는 남의 험담이 그 순간의 일로 그치고 말았을 수 있다. 설령 발각되었다 해도 당사자들 간의 문제로 끝난 경우가 많았을 것이다. 그러나 인터넷이 발달한 지금은 달라서, 디지털 정보가 여기저기 흩어져 기록되고 저장되고 있다.

설령 남의 험담을 일삼았던 비열한 과거 습관을 숨기고 요리조리 눈을 피해 자기 분야에서 꽤 높은 단계까지 이르렀다 해도, 결국에는 인성 논란이 번져 피해를 보는 경우가 많아졌다. 유명 연예인이 알고 보니 학교 폭력 가해자였다는 사실이 재조명되면서 대중 앞에 사과하고 활동을 중단하는 사례가 얼마나 많은가! 타인을 흉보거나 위해를 가했던 과거의 일이 현재에 악영향을 준다.

타인을 흉보는 행위는 자신에게도 부정적인 사고방식을 심어주어 좋을 게 없고, 내가 타인의 흉을 본다는 사실을 주변 사람들이 인지하게 되어 떠나가므로 더더욱 좋을 게 없다. 타인을 험담하는 행위를 지속적으로 했는데도 높은 자리에 올랐다고 자만하지 말라. 자리가 높을수록 평판이 더욱 중요해지는데, 언젠가 과거의 행실이 당신의 발목을 잡을 것이다.

타인을 험담하는 행위는 개인적으로도, 함께 일하는 동료 사이에도, 미래의 내게도 좋을 게 하나 없다. 단지, 남 욕을 하면서 순간적으로 형성되는 가짜 유대감을 느끼며 카타르시스를 경험하는 일 정도가 유일한 이득일 것이다.

남 간섭할 것 없이 나만 잘하면 된다

타인을 험담하는 행위는 타인을 잡아서 끌어내리는 일이다. 타인을 끌어내린다고 해서 내가 높아지는 것은 당연히 아니므로 남 험담은 누구에게도 이롭지 않은 어리석은 행위이다. 흔히 무한 경쟁 사회이므로 옆 사람을 밟고 올라서야 살아남는다고 하며 이를 학생들과 취업준비생에게 강요하는 문화가 우리 사회에 있다. 과연 옆 사람을 밟고 올라서야 내가 살아남는 세상일까?

내 앞에는 보이는 사람들 외에도 보이지 않는 무수한 사람이 있다. 내 실력이 올라가고 내 성적이 향상되면, 굳이 타인을 밟고 올라가지 않아도 나는 세상이 정한 기준 안으로 들어갈 수 있다. 그때 내 옆에 있는 사람이 함께 잘되면 안 되는 것일까? 당연히 나도 내 옆 사람도 함께 잘될 수 있다.

옆 사람이 잘되는 것은 나와 직접 연관된 사람, 내게 우호적인 사람이 좋은 자리에 위치하는 것이니 장기적인 관점에서 보면 내게도 직간접적으로 좋은 영향을 미친다. 내 주변에 별로인 사람만 가득한 상황을 생각해보라. 멋진 사람들과 어울리려면 나 스스로 노력하고 발전해야 하지만, 내 주변에 멋진 사람들이 많다는 사실은 분명 좋은 일이다.

성공하는 사람은 이 점을 잘 알고 있다. 성공하는 사람은 과거에 머무르지 않을뿐더러, 타인과 나를 퇴보시키는 이야기를 하지 않고 새로운 가치, 생산적인 일, 더 나은 방향성을 이야기한다.

단점이 아니라 개선 가능한 점이다

그런데도 누군가의 행동이 내게 피해를 주는 경우가 있다. 아무리 남 신경 안 쓰고 산다지만, 누군가 내게 피해를 주고 있다면 당사자에게 직접 이야기하는 것이 좋다. 실패하는 사람은 이런 경우에도 당사자가 없는 자리에서 남에게 그 사람 험담을 한다. 험담을 한다고 당사자의 태도가 개선되는 것도 아닌 데다, 험담하면서 쓸데없는 에너지를 낭비하고 문제는 전혀 해결되지 않았으니 실패의 길로 들어서는 게 당연하다.

성공하는 사람도 타인의 잘못을 이야기할 수 있다. 그러나 그 이야기는 뒷담화가 아니라, 당사자에게 직접 전달하는 방식으로 한다. 타인이 무언가 잘못했다면 뒤에서 이야기할 것이 아니라, 조용한 장소로 불러서 감정을 뺀 채로 이야기하는 것이 바람직하다. 자신의 잘못을 지적받는데 기분 좋을 리 없겠지만, 진심 어린 태도로 무례하지 않게 이야기한다면 분명 고마워할 것이다.

전에 다니던 직장에서 감동적인 일화로 아직도 기억하는 일이 있다. 흔히들 사람을 평가할 때 장점과 단점, 혹은 강점과 약점으로 분석한다. 일을 분석할 때도 마찬가지인데, 내가 다니던 직장에서는 **한 사람의 업적 평가를 할 때 장점/단점이나 강점/약점이 아닌 잘한 점/개선 가능한 점으로 이야기했다.** 표현이 다를 뿐, 지칭하는 바는 같다.

그러나 단어가 품는 의미는 다르다. '단점'은 현재 측면에서만 바라보는 표현이지만, '개선 가능한 점'은 미래 지향적이다. 미래는 현재보다 나아질 수 있고 개선될 수 있으므로, 현재의 단점도 개선 가능한 점이 되는 것이다. 같은 상황을 좀 더 생산적인 관점에서 바라보는 사람과 그렇지 않은 사람 중 누가 성공에 더 가까이 다가갈까? 답은 너무나 자명하다.

좋은 말은 돕는 자를 생기게 한다

성공하는 사람은 새로운 가치, 생산적인 일, 더 나은 방향성을 주로 이야기한다. 나와 전혀 상관없는 연예인 이야기, 나나 대화 상대 누구와도 관련되지 않은 제삼자 이야기로 시간을 허비하지 않는다. 성공하는 사람은 미래 지향적인 태도가 자기 자신과 주변을 발전시킨다는 사실을 알고 있기에 그렇다. 지금 존재하는 곳보다 좀 더 높은 곳에 다다르고자 새로운 가치를 고민하고 생산적인 일을 하며 더 나은 방향성을 지속적으로 이야기한다. 당연히 주변 사람들에게도 긍정적인 말을 건네며 힘을 주는 사람으로 자리매김한다.

남에게 가급적 좋은 말을 해주고 자기 자신도 열심히 사는 사람에게 호감이 가는 것은 인지상정이다. 그런 사람 주변에는 그를 도우려는 사람이 많고, 그중에는 영향력이 상당한 사람도 있을 수 있다.

늘 긍정적이고 더 나은 가치를 추구하는 사람도 곤경에 처할 수 있다. 이때 그를 좋게 봐오던 사람들이 그를 돕는다. 혼자서 모든 일을 헤쳐나가는 것보다 남의 도움을 받는 것이 어려움에서 벗어나는 데는 훨씬 더 부드럽고 유연하다. 그리되면 성장하는 속도도 빨라져 끝내 성공에 이르게 된다.

이는 남을 욕하며 잠깐 카타르시스를 경험하는 것과는 비교할 수 없을 정도로 아름다운 삶의 태도 아닌가? 나 자신도 긍정적이고 주변에도 좋은 영향을 주면서 성공을 향해 한 발짝씩 나아간다. 설령 도중에 시련을 겪더라도 그동안 진실한 태도로 대했던 사람들의 도움으로, 혼자일 때보다 훨씬 수월하게 위기를 극복할 수 있다.

남과 함께 가는 사람이 성공한다

남아프리카공화국 최초의 흑인 대통령이자 흑인 인권 운동가인 고故
넬슨 만델라Nelson Mandela는 아프리카 코사족Xhosa의 속담 "빨리 가려면 혼자
가고, 멀리 가려면 함께 가라."를 자주 인용했다. 긍정적인 태도와 미래
지향적인 관점은 내 주변에 함께 갈 사람을 하나둘 늘리고 결국 성공하
는 인생으로 향하게 해준다.

단편적인 시각으로 보면 내 앞에서 내 생각과 다르게 행동하고 의견
대립이 있는 사람을 욕하고 깎아내리면 순간 통쾌함을 느낄 수는 있다.
그러나 조금만 생각해보면, 순간의 카타르시스로 얻는 것보다 잃을 것
이 훨씬 더 많다. 타인을 뒤에서 욕하는 태도는 그만두어야 하며, 아무리
친하게 지내는 사람이라 해도 자주 타인의 험담을 하는 사람이라면 의
도적으로 멀리할 필요가 있다. 당신에게 다른 사람 험담을 하는 사람은,
당신이 없을 때 반드시 당신 험담을 하기 때문이다.

인생은 생각보다 짧다. 언제나 좋은 기분일 수만은 없을지라도, 최대
한 긍정적으로 생각하고 희망적인 이야기를 하면서 산다면, 인생은 정
말 긍정적이고 희망적으로 바뀔 것이다. 상황에 대한 비관, 주변에 대한
비난은 끝내 인생을 실패의 연쇄 고리에 빠지게 한다. 마치 실패에 중독
된 것처럼 한 번의 실패가 또 다른 비관을 낳고 점차 헤어나오기 어려운
실패의 늪으로 빠져들게 한다.

일단 말투부터 바꾸자. "짜증나."보다는 "해결할 수 있어." "이런 걸 어

떻게 해?"보다는 "차분히 생각해서 문제를 풀어보자."라고 이야기하는 습관을 길러보자. 타인의 단점이 보이더라도 한 번만 꾹 참고 넘어가라. 그 단점이 내게 피해를 주거나 우리 팀 전체에 부정적인 영향을 준다면 그를 따로 불러 진지한 태도로 진심을 담아 그의 '발전 가능성'을 이야기하는 태도로 바꾸어보라. 그가 어떤 직급이든, 선배든 후배든, 진심을 담아 이야기해보라. 특히 직장에서 후배에게 강하게 부정적으로 말하는 습관을 자제하고 진지하게 팀의 발전 가능성을 이야기하라.

갑자기 습관을 바꾸기는 쉽지 않다. 그러나 습관을 고쳐야 성공에 다가갈 수 있다. 지금부터라도 부정하고 비난하는 마음을 내려놓고 긍정하고 발전하는 생각을 가지도록 노력해보자. 어느 순간부터는 일부러 마음먹지 않아도 자연스레 긍정적인 행동이 나오는 자신을 발견할 것이다.

제4장 , 당신의 유형은?

체크 표시(✔) 하시오.

Fatal Failure ☐   Super Success ☐

대부분의 이야기가 쓸데없는 남 이야기, 흉보기다.

새로운 가치, 생산적인 일, 더 나은 방향성을 이야기한다.

대화할 때 자신이나 상대와 무관한 연예인 이야기, 제삼자 이야기로 시간을 보낸다. 내용은 주로 흉보기와 험담, 세상에 대한 부정적 이야기이다. 자신에게 피해를 주는 사람이 있으면, 그 문제를 해결할 생각을 안 하고 남들에게 험담한다. 함부로 말한 과거가 현재의 발목을 잡는다.

대화할 때 나와 상대가 발전하는 이야기로 초점을 모은다. 남 일에 왈가왈부하지 않고, 내게 피해를 주는 사람이 있으면 따로 불러 무례하지 않게 잘 이야기한다. 늘 좋은 말, 긍정적인 말을 해주기 때문에 주변에 도와주려는 사람이 많다.

당신의 슈퍼 성공을 위한 아이템!
Action Items for Super Success

Q 최근 당신이 제삼자에게 누군가를 험담하거나 부정적으로 이야기한 적이 있는가? 있다면 내용과 상황을 적어보라.

A ....

Q 그때 만약 남에게 험담하지 않고 상대방에게 직접 이야기한다면 어떤 식으로 이야기할지 한번 적어보라. 긍정적인 말투, 그리고 단점이 아니라 개선할 점이라는 관점을 염두에 두라.

A ....

Q 당신 주변에 남의 험담을 즐기는 사람이 있는가? 앞으로 가까이하지 않을 사람들이니 기억해두자.

A ....

Q 당신이 부정적으로 생각하는 일을 미래 지향적으로 해결하려면 어떻게 해야 할까?

A ....

Q 당신 주변에 미래 지향적인 사람들이 있는가? 세 명을 떠올려보고 그들에게 배울 점을 적어보라.

A ....

자신의
권리만
생각한다

제5장

V

S

남을
배려한다

> **66** 야! 너 내가 어떤
> 사람인 줄 알아?!
> 건방지게시리! **99**

> **66** 남 신경 쓸 시간이 어딨어?
> 무조건 빨리빨리 해! **99**

잊을 만하면 튀어나오는 '갑질 논란.' 이런 논란은 보는 사람도 듣는 사람도 얼굴을 찌푸리게 만든다. 과한 수준으로 상대방에게 모멸감과 피해를 주고 자신의 위세를 과도하게 내세우는 일은 이기심이 극한으로 치달았을 때 생기는 현상이다. 앞에서도 이야기했지만, 어느 정도 지위가 생겨서 힘을 가지게 되었다 하더라도 타인을 부정적으로 말하거나 폭력을 일삼은 과거가 있다면, 그의 상승은 결국 멈추고 그는 내리막을 걷게 될 가능성이 높다.

이기적인 자는 끝내 실패한다

자신의 자격과 권리만 생각하는 사람은 이기적이다. 아무 때나 아무에게나 모두 퍼주는 게 옳다는 말이 아니다. 자신의 이익을 알뜰하게 챙기는 일은 잘못된 게 아니고 오히려 야무지다고 칭찬받을 일이지만, 타인에게 피해를 주면서까지 자신의 이익만 탐한다면 이는 틀림없이 이기적인 일이다.

남에게 피해를 주는 한이 있어도 나 자신은 조금도 손해 보지 않겠다는 태도, 이런 태도가 이기적인 것이다. 자신은 조금도 손해를 보지 않으려는 마음이 있다 보니 자신의 자격과 권리만을 내세우게 되고 자신이 해야 하는 의무에는 소홀해진다. 이런 행동이 반복되면 순간의 떡 하나는 더 먹을 수 있을지 몰라도 주변 사람의 인심을 서서히 잃게 된다.

여러 사람과 어우러져 살아가는 세상에서 나 외의 모든 사람에게 피해를 주며 내 몫만 챙기려는 사람들. 그들은 시간이 지나 뒤돌아보면 자기 주변에 자신을 응원해주는 사람이 남아 있지 않다는 사실을 깨닫게 된다. 그 사람이 재력이나 권력을 가지고 있다면 모를까, 만약 그렇지 않은 상태가 되면 누구도 곁에서 머물러주지 않는다. 힘과 권력이 없는 이기적인 사람은 아무 데도 쓸모가 없기 때문이다.

어느 단계까지 오르는 데는 이기적인 성격이 비교적 효율적이고 합리적일 수 있다. 자기 이익만 쏙쏙 빼먹고, 타인의 고통이나 상황, 손해 따위는 생각하지 않기에 그렇다. 그런 이기심으로 똘똘 뭉친 사람들, 자기 권리만 내세우고 자격을 과시하는 사람들이 학교생활이나 사회생활에서 초반에 치고 나가는 모습을 종종 본다. 그럴 때는 나도 저렇게 살아야 하는 건지 회의가 든다.

그러나 이기적인 사람들은 각기 단계는 다를지언정 한계를 드러내게 되어 있다. **주변 사람들을 짓누르고 괴롭히며 올라가는 성장에는 반드시 한계가 존재하며 동반 성장이 아닌 자기 성장만을 추구하는 사람들은 결국 외톨이가 되고 많은 걸 잃게 된다.** 그 사람이 어떤 단계까지 올라갈 수 있을지는 모르겠지만 성장하는 단계에서 한 번이라도 역풍을 맞으면 고꾸라지고 다시 회복하기가 어렵다. 주변에 도와주려고 하는 사람이 아무도 없기 때문이다. 자신의 곳간만 채우는 데 열을 올리다가 힘과 권력을 잃은 사람을 도와줄 사람은 없다.

그리디 알고리즘의 교훈

컴퓨터 공학을 전공하면 '알고리즘'이라는 수업을 듣게 된다. 말 그대로 어떤 프로그램을 짜는 흐름을 공부하는 과목이다. 그 과목에는 참으로 희한하게도 매우 철학적인 내용이 포함되는데, 그것은 바로 '그리디 알고리즘greedy algorithm'이다. 'Greedy'란 우리말로 '이기적인' '탐욕스러운'이라는 뜻을 가지고 있다. 그리디 알고리즘은 어떤 선택지들이 있을 때 늘 '가장 짧은 경로'를 찾아나선다. 흡사 눈앞의 이익에만 집착하는 사람의 모습 같다.

여기서 흥미로운 점이 있다. 매 순간 가장 짧은 경로를 택한다지만, 그리디 알고리즘이 택한 경로를 보았을 때 결과적으로 '가장 짧은 경로'가 아닐 수 있다는 것이다. 매번 가장 이기적인 선택을 했는데도 반드시 가장 짧은 경로를 가는 것은 아니다.

생각해보면 우리의 삶도 다르지 않다. 순간적으로 자기 이득만을 위해 행동하는 사람들이 있다. 그들은 자신은 조금도 손해를 보지 않으려고 작은 일에도 이해타산을 따지고 상대를 불편하게 만들 뿐만 아니라, 일을 방해한다. 어떻게든 그 상황에서 하나라도 더 가지고 자기 것은 하나도 빼앗기지 않으려는 사람들, 자신의 지갑을 열기 싫어서 타인에게 계산을 전가하는 사람들, 같이해야 하는 일인데 최대한 남에게 미루고 도망 다니는 사람들, 조금 귀찮은 게 싫어서 남을 많이 불편하게 하는 사람들이 그렇다.

그 상황에서는 그런 행동이 이득일지 모르고 그런 사람의 지갑이 일시적으로 두둑할 수는 있다. 자기 돈이 조금 절약되고, 자기 몸이 좀 더 편할지 모른다. 그러나 삶을 길게 놓고 볼 때, 그들은 더 큰 것들을 놓치고 있다. 몇푼 아끼고 싶어서 남의 고통을 모른 체하고, 나만 편하겠다고 얌체 짓으로 상대방을 괴롭힌 결과 신뢰를 잃고, 나아가 미래의 기회를 잃기 때문이다.

'그리디 알고리즘'은 매 순간 이기적인 선택을 하는 사람이 반드시 최선의 선택을 하는 건 아니라는 사실을 깨우쳐주는 공학의 가르침 같다. 가끔은 양보하고 물러서는 것이 더 좋은 결과를 낼 수 있다. 실리만 쫓다가 명분을 잃으면 한순간에 모든 일이 무너질 수도 있기 때문이다.

멋있는 일은 언제나 조금 손해 보는 일이다

잠깐 내 이야기를 하려고 한다. 아직 많이 부족하지만 나는 '멋있는' 일을 참으로 좋아한다. 숭상한다고 해도 될 만큼 '멋'을 좋아하는 편이다. 그런데 '멋'은 반드시 손해를 동반한다. 생각해보라. 문을 당기고 나가면 문을 밀고 나가는 것보다 조금이지만 시간이 더 걸린다. 뒤에 오는 사람을 위해 문을 잡아주려면 시간이 더 소요된다. 누군가에게 감사하다고 말할 때는 아무 말도 하지 않을 때보다 미약하지만 에너지를 더 쓰게 된다.

멋은 언제나 손해를 동반한다. 그러나 그 미약한 손해가 내 삶을 지배하지 않고 오히려 내 인품이 되어 쌓이면 더 긍정적인 일이 많이 늘어난다. 사람은 누구나 자신의 이익을 좇는다지만, 냉정할 만큼 자신의 이익만 밝히고 타인을 힘들게 하는 사람들이 있다. 좋아 보이지는 않지만 이해가 안 가는 것도 아니다. 이익을 추구하는 것은 인지상정이며, 이익 추구 행위를 맹목적으로 비난해서는 안 된다.

그러나 적어도 내가 누군가를 힘들고 괴롭고 아프게 하면서까지 부를 축적하고 쾌락을 즐기고 싶지는 않다. 나 역시 부와 쾌락을 좋아하지만, 그것이 누군가를 파괴하고 괴롭히고 파멸시킨 결과라면, 그런 부와 쾌락은 사양한다. 그렇게 얻은 부와 쾌락이 썩 달가울 리 없다.

나는 오히려 동반 성장에 훨씬 관심이 많다. 전체의 이익을 위해 내가 가지고 있는 것을 조금 나눔으로써 지금 당장 약간의 손해를 보더라도, 이런 행동이 모이고 쌓여 나를 지지하는 마음을 만들고 함께하는 팀의 성장을 이루어낼 것이라고 생각한다. 단기적으로는 잠깐의 물러섬이지만, 장기적으로는 동반 성장을 바탕으로 한 더욱 크고 오랜 앞섬이 될 것이다.

나는 그래서 '멋'있는 사람이 되려고 의도적으로 생각을 거듭한다. "이 상황에서 내가 멋진 사람이 되려면 어떻게 생각하고 행동해야 할까?" 그리고 그 답을 그대로 실행에 옮긴다. 그것은 때로는 손해 보는 일이 될 수도 있다. 그런데도 내 행동에 떳떳함이 함께했으면 좋겠다. 때로는 실수하고 불완전할지라도, 탐욕을 부리지 않아도 탐욕을 부리는 사람 이상으로 발전할 수 있다고 믿는다.

이기적인 행동만 일삼는 사람보다 대의를 위해 자신을 희생할 줄 아는 사람이 좋은 평판을 가져간다. 물론 기본적으로 일을 잘해야 좋은 평판도 쌓이겠지만, 일상 속에서 자신의 이익만을 탐하지 않고 꾸준히 나와 내 주변 사람들을 위해 노력하는 사람들은 성공적인 커리어를 쌓고 있을 땐 주변 사람들로부터 박수를 받고, 위기에 봉착하거나 어려움을 만날 땐 큰 도움을 받는다. 그래서 그런 사람들은 아무리 어려운 일을 만나더라도 다시 일어설 기회를 얻게 된다.

멋있는 일은 언제나 조금 손해 보는 일이다. 그러나 결과적으로는 큰 이익으로 돌아올 가능성이 크다. 게다가 여러분이 쌓아 올린 멋있는 일로는 크게 손해 보는 일이 결코 일어나지 않는다. 이 정도라면 여러분의 멋있는 일은 이미 충분히 가치 있지 않을까?

이익보다 더 중요한 것은 원칙과 배려

원칙을 지키는 것은 남을 배려하는 것과 연결된다. 《삼국지》에 남을 배려하기 위해 원칙을 지킴으로써 생각지도 못 한 큰 성과를 얻어낸 놀라운 사례가 있어 소개한다.

희대의 천재 군인인 촉의 제갈량은 사마의가 이끄는 위나라를 상대로 전투를 감행했다. 당시 삼국의 국력을 숫자로 표현하면 촉은 1, 오는 3, 위는 6이었다. 촉나라는 가장 국력이 약했지만, 제갈량은 자신이 말한 바를 반드시 행함으로써 부하들에게 굳건한 신뢰를 얻었다. 이를 발판으로 군대를 순조로이 지휘했고 결국 그 전투에서 크게 승리했다.

제갈량은 장기전에 대비해 백일에 한 번씩 군사들을 교대하라고 명을 내렸다. 약속된 백일이 되자 성을 지키고 있던 8만 명 중 4만 명을 교대하려는데, 하필 이때 위나라가 침략했다.

[그림 6] 촉나라의 재상. 희대의 전략가 제갈량(자는 공명)

제갈량의 부하 양의는 위나라의 공격을 받은 지금 군사 4만 명을 교대하면 위험할 수 있다고 진언하며, 교대할 병사 4만 명이 오면 그때 교대해도 되니 한 달만 교대를 미루자고 이야기한다. 제갈량이 승리에만 집착했다면, 적이 쳐들어온 상황에서 한 달 동안 교대를 미룬다고 해서 문제 될 게 전혀 없었다.

그러나 제갈량은 그렇게 하지 않았다. 제갈량은 신뢰가 근본이고 부모와 처자식이 아들과 남편이 돌아오기만을 손꼽아 기다릴 텐데 신의를 저버릴 수는 없다며 그대로 교대를 진행하라고 한다. 이 소식을 들은 교대 예정 병사 4만 명을 비롯한 병사 8만 명은 목숨을 걸고 충성해 그 전투에서 대승하게 된다.

제갈량이 눈앞의 승리에 눈이 멀어 신의를 지키지 않았다면, 병력은 8만 그대로였을지 모르나 군사들의 사기는 땅에 곤두박질쳤을 것이다. 군사의 사기란 숫자로 나타낼 수 없는 무형의 군사력이다.

자신이 세운 원칙을 지키고 부하들의 속마음을 헤아리는 제갈량의 배려는 집으로 돌아가려던 병사들까지 마음을 돌리고 사기충천하게 만들었다. 교대를 앞둔 병사 4만 명은 자발적으로 전투에 나섰고 드높은 사기에 힘입어 대승을 거두었다. 제갈량의 원칙 기반 행동, 병사들을 배려한 마음가짐이 큰 위기 속에서 대성공을 불러온 것이다.

배려는 위기 때 진가를 발휘한다

이기적인 사람도 그 교활함을 이용해 커리어에서 성공에 근접하는 경우가 없지 않다는 이야기를 앞서 했다. 계속해서 이기적으로 행동하는데도 남들이 부러워하는 수준의 성공을 거두는 사람도 간혹 존재한다. 이런 사람들을 보면서 "세상은 공정하지 않아."라며 실망할 수 있다.

그러나 너무 실망할 필요가 없는 것이, 이기적이고 자신의 일만 내세우는 사람들의 실패는 위기에 처했을 때 비로소 나타나기 때문이다. 평소 그들은 이기적인 행동을 기반으로 원하는 것만 얻고 상대방을 내친다거나, 상대방을 괴롭히고 고통스럽게 하면서 자신이 원하는 것을 얻는 식으로 산다. 그가 운이 아주 좋아서 생을 마감할 때까지 그런 방식이 통할 수도 물론 있다. 운이 아주 대통한다면 말이다.

그러나 그런 희박한 행운을 바라는 것은 지극히 어리석은 일이다. 아무리 잘난 사람이라도 여러 이유로 자신이 통제할 수 없는 위기를 종종 겪기 마련인데, 그때마다 주변의 도움 없이 홀로 일어서기란 결코 쉽지 않다. 타인의 고혈을 빨아먹으며 성장하던 이기적인 사람들은 바로 이 단계에서 무너지고, 한번 무너진 다음에는 대부분 회복하지 못한다. 주변에 회복을 도와줄 사람이 남아 있지 않아서 그렇다.

어떻게 살면서 단 한 번도 실패를 겪지 않을 수 있겠는가? 이기적인 사람들은 마치 자신의 인생에는 맑은 날만 펼쳐질 것이라고 착각하며 사는 사람들 같다. 누구에게나 공평하게 비가 오고 흐린 날이 온다. 때로는 감당할 수 없는 폭우도 만나게 될 것이다. 그때 넘어지더라도 다시 일어설 수 있으려면, 지금부터 기댈 사람이 필요하다.

한두 번의 감언이설이나 아부로 상대를 내 편으로 만들 수 있을 거라는 기대는 접자. 그건 착각이다. 오랜 배려와 친절만이 당신의 평판을 좋게 해주고, 당신을 '돕고 싶은 사람'으로 만들어줄 것이다.

세상은 결코 혼자만의 힘으로 헤쳐나갈 수 없다. 그런데도 남들 다 필요 없다는 태도로 사는 사람이 가끔 보인다. 주변 사람들은 그저 내가 밟고 올라서야 하는 대상일 뿐이고 혼자서도 충분히 이 세상을 살아낼 수 있다고 자신하는 것 같다. 단기적인 이득에 집착하며 하루하루를 살아가는 자신을 보며, 이게 잘 살고 있는 것이라고 흡족해하는지도 모르겠다. 서서히 자신을 주변으로부터 고립시키며 이기적인 사람이 되어가는 줄도 모르고 말이다. 단 한 번의 실패가 그를 덮칠 때, 그는 회복하지 못하게 될 것이다.

성공하려면 반드시 주변 사람들에게 잘해주어야 한다는 이야기가 아니다. 내 주변의 사랑하는 사람들과 함께 성장하고 함께 성공한다면, 그만큼 행복한 일이 또 있을까? 내 주변 사람들의 평균이 바로 내 모습이다. **내 주변에 좋은 사람이 가득하다면 나도 그런 사람이고, 내 주변에 엉망인 사람이 가득하다면 안타깝게도 나도 그런 수준의 사람이다.**

이기심을 버리고 권리를 주장하는 일을 조금만 양보하면 동반 성장을 일구어낼 수 있다. 그리되면, 당신에게 위기가 닥쳤을 때 주변의 소중한 사람들이 발 벗고 도와줄 것이다. 동반 성장을 위해서는 약간의 이익 정도는 양보할 줄 알아야 한다.

배려란 당신이 잠깐 뒤로 물러서는 것이다. 그 잠시의 물러섬이 결국은 오래 만끽하는 성공으로 안내할 것이다. 그리되기까지 조급해하지만 않으면 된다.

체크 표시(✔) 하시오.

Fatal Failure ☐   Super Success ☐

자신의 자격과 권리만을 생각하고 주장한다.   **남을 돕고 배려하는 마음을 가진다.**

자기 이익만 생각하고, 그로써 남이 당할 손해나 억울함 따위는 신경 쓰지 않는다. 자기 이익을 위해서는 타인을 짓밟고 모욕 주는 일도 서슴지 않는다. 주변 인심을 잃게 되고 치명적 실패가 다가왔을 때 도와줄 사람이 없게 된다.

자기뿐만 아니라 상대방 입장에서도 늘 생각하며, 자기 이익 때문에 누군가 손해 보거나 억울한 일을 당하지 않도록 세심히 배려한다. 동반 성장을 위한 손해라면 기꺼이 감수한다.

당신의 슈퍼 성공을 위한 아이템!
Action Items for Super Success

Q 최근 당신이 남을 배려한 일이 있는가? 있다면 한번 적어보라. "건물을 나서며 남을 위해 문 잡아주기" 같은 사소한 것도 좋다.

A ....

Q 최근 순간의 이기심으로 다른 사람에게 손해를 끼친 일이 있는가? 있다면 한번 적어보라.

A ....

Q 당신은 어떤 행동으로 남을 배려할 수 있는가? 한번 적어보라. 일주일간 최소 한 번씩 실천해보라.

A ....

Q 당신이 흔들렸을 때 당신을 지지해준 사람들이 있는가? 그들의 이름을 적어보고 연락해 고마움을 전해보라(기왕이면 작은 선물을 준비하거나 식사 자리를 마련할 것을 권한다).

A ....

화, 짜증, 부정적인 기운이 넘친다

제6장

V

S

기쁨, 활력,
긍정적인
기운이
넘친다

> **아유, 짜증 나!!**
> **진짜 되는 게 하나도**
> **없네!!**

> **부하 직원인 주제에**
> **네까짓 게 어쩔 건데?**

설령 내게 내는 짜증이 아니라도 주변에서 누군가 '빽' 소리 지르며 말한다면 가슴이 덜컥 내려앉을 수밖에 없다. 극도로 감정이 실린 표현이나 날카로운 표현은 듣는 이로 하여금 순간적으로 깜짝 놀라게 할 뿐만아니라, 시간이 지나도 개운하지 않은 기분을 남긴다.

사람에게 분노는 자연스러운 감정이다. 분노를 무조건 참는 일이 마냥좋다고는 할 수 없다. 감정을 적절히 해소하고 배출해야 건강한 삶을 영위할 수 있다. 그러나 과유불급過猶不及, 즉 넘치면 없느니만 못하다고 하지 않나! 습관적으로 과도하게 분노를 표현하면서 주변 모두를 불편하게 만든다면, 그건 문제다.

무턱대고 내는 짜증은 길거리의 오물과 같다

수시로 불같이 화를 내고 툭하면 짜증을 쏟아내는 사람들이 있는데, 가만 생각해보면 정말 필요해서가 아니라 습관적인 경우가 많다. 자기 기분에만 심취한 나머지 타인의 기분이 망가지거나 말거나 신경 쓰지 않는다.

생각해보자. 거리에 오물이 쏟아져 있는 장면을 보면 어떤가? 그 오물이 나를 향해 날아오는 것이 아니라 하더라도 누구나 불쾌감을 느낄 것이다. 화, 짜증, 욕설은 물론이고 부정적인 기운도 이와 마찬가지다. 그 대상이 내가 아니라 하더라도 화내는 장면, 짜증 내며 소리를 치는 장면, 욕설을 하는 장면 등을 보면 불쾌함이 밀려온다.

한두 번이야 "그럴 수 있지." 하며 이해하고 넘어갈 수 있다. 그 순간이 지나면 잊어버릴 수도 있다. 그러나 그런 일이 자꾸 반복되면 나를 향한 분노, 화, 부정적인 기운이 아니라 하더라도 서서히 그 사람을 멀리하게 된다. 습관적인 짜증은 인간관계를 멀어지게 한다. 짜증의 대상이 내가 아니라도 마찬가지인데, 만약 그 대상이 나라면 더 말할 필요도 없다.

주변 사람이 다 떠나서 홀로 고립되었는데도 성공할 수 있는 사람은 드물다. 이기적인 행동만 일삼는 사람이 결국 주변의 인심을 잃고 실패하는 경우와 큰 차이가 없다. 간혹 회사에서, 혹은 학교에서 후배라는 이유로 일과 전혀 관계없이 상습적으로 짜증과 화풀이의 대상으로 삼는 경우를 종종 본다. 그런 사람들의 심리에는 "부하 직원인 주제에" "후배인 주제에 네까짓 게 어쩔 건데?"라는 마음이 있다.

당신보다 늦게 직장 생활을 시작했다고 해서, 혹은 학교를 늦게 다니기 시작했다고 해서 영원히 그 사람이 당신 뒤에 있으리라 생각하는가? 그건 착각이다. 만약 그 후배 직원이 옆 팀으로 옮겨가 당신의 영향력 밖에 있는 사람이 된다든가, 다른 회사로 이직해서 당신에게 일을 주는 위치에 있게 될 경우를 생각해보라. 그때 가서 후회한들 소용이 없다.

만약 그 후배 직원이 열심히 일해서 당신의 직급을 추월하고 당신보다 먼저 임원이 된다면 어쩔 것인가? 그때도 지금처럼 무턱대고 짜증을 낼 수 있을까? 그때는 오히려 당신의 앞날을 걱정해야 할 것이다.

누군가를 대상으로 짜증을 부리든 그렇지 않든, **습관적으로 부리는 짜증과 화 그리고 부정적인 기운은 장기적으로 자기 자신에게 부메랑이 되어 돌아온다**는 사실을 기억하라. 지금 순간적으로 불쾌한 감정을 폭발해 카타르시스를 느낄 수 있지만, 그런 일시적인 현상에 취해 서서히 실패에 잠식당하는 근시안적인 사람이 되지 않길 바란다.

무턱대고 화내는 사람들에게 하고 싶은 말이 있다. 화내는 대상이 만만해서 그런 게 아닌가? 그가 당신보다 힘이 세다면, 혹은 덩치가 크다면, 혹은 당신보다 직급이 높다면, 그가 당신의 인사권을 가진 사람이라면 그래도 습관적으로 화를 낼 수 있을까? 당신은 당신보다 직급이 낮고 힘이 약한 대상, 즉 약자만 골라서 수시로 짜증을 내고 있다.

그런 당신은 분명 실패의 길을 가고 있지만, 지금도 이미 비열하다는 사실에서 당신은 실패한 사람이다. 그런 태도를 영원히 바꾸지 않는다면, 당신의 커리어가 망가지는 것은 물론이고, 인생 전체가 실패로 귀결될 것이다.

일에는 감정을 섞을 필요가 없다

누군가를 일부러 괴롭히려는 건 아니지만, 순간적으로 화가 차오를 수 있다. 그런 순간적인 감정을 다스리는 건 쉽지 않다. 이때 명상을 하거나 종교에 의지해 순간적인 분노를 다스리는 사람들이 있지만, 나는 그런 방법에 의지하지 않고도 해결한다. 화낼 필요가 없는 논리적인 이유를 생각해내는 방법이다.

화를 낼 필요가 없는 논리적인 이유가 있다. 그것은 조금만 차분하게 생각해보면 납득이 되는 너무 당연한 이야기다. 어떤 일이든 그 일은 내가 해결할 수 있거나, 내가 해결할 수 없는 일로 나뉘는데, **만약 내가 해결할 수 있는 일이라면 최선을 다해 그 일을 해결하는 것이다.**

예를 들어, 휴대전화를 실수로 바닥에 떨어뜨려 액정이 깨지는 일이 발생하면, 누구나 가슴이 아프다. 그러나 깨진 액정 화면을 보고 계속 짜증을 부려서는 누구에게도 좋을 게 없다. 그럴 바엔 빠르게 수리 센터로 가서 고치는 게 낫다. 수리 비용은 들겠지만 적어도 휴대전화를 바라볼 때마다 화를 내는 일은 없어질 것이다.

반면, 내가 해결할 수 없는 일도 있다. **내가 아무리 노력해도 해결할 수 없는 일이 있는데 거기에 쏟는 감정은 사치다.** 가슴이 아프더라도 그 일은 내 능력으로 바꿀 수 없으니 손을 떼거나 잊는 편이 옳다. 순간적으로 속상함이나 박탈감이 올라올 수는 있어도 짜증을 부리고 화를 내는 일은 줄일 수 있다.

어떤 문제를 만났을 때 우선, "내가 이 일을 해결할 수 있는가?"라고 질문을 던져보자. 이는 감정이 개입할 필요성을 급격히 낮춰주는 매우 유익한 과정이다. 습관적으로 짜증 내고 감정을 섞기 전 한 번만 스스로 물어보라.

"내가 이 일을 해결할 수 있나?"

굳이 화를 내야 하는 경우가 있다면, 상대방이 상식에 반하는 행동으로 나 또는 우리 팀을 대할 때 정도다. 예를 들어 맡은 책임을 이행하지 않으려고 핑계를 대거나 팀 전체의 이익을 일부러 해치는 경우가 그런데, 그런 사람에게는 화를 내야 한다. 그런 경우도 가만히 있으면 물렁하고 바보 같은 사람이다. 상식과 예의를 지키는 사람에겐 친절하게 하되 그렇지 않은 사람에겐 화를 내는 게 마땅하다.

기쁨과 활력은 사기를 올려준다

앞서 반복적인 화냄과 짜증을 길거리의 오물이라고 표현했는데, 늘 기쁨과 활력이 넘치는 사람을 보면 자연스레 기분이 좋아진다. 마치 길을 걷다가 예쁜 꽃을 보거나 푸른 하늘을 마주한 느낌이다.

대책 없이 잘될 거라고 막연히 믿고 기대하는 게 아니라, 해낼 수 있다는 자신감과 잘 갖춰진 실력을 기반으로 상대를 격려하고 함께 이뤄갈 수 있다는 말을 수시로 하는 사람과 이야기를 나누다 보면, 나 역시 그 사람과 함께하고 있는 이 일이 성공으로 귀결될 수 있을 거라는 긍정적인 마인드와 의욕이 생긴다.

긍정적인 언어는 실제로 긍정적인 태도를 낳고, 긍정적인 결과를 가져온다. 주변 사람들에게 활기와 긍정을 실어주는 사람이 한 팀에 있으면 팀의 사기가 올라가는 것은 물론이고, 해낼 수 있다는 자신감이 전염돼 일을 더욱 자신감 있게 추진하게 되고 일의 성과 또한 당연히 향상된다.

단순히 일이 잘 풀릴 때만이 아니라, 난관에 봉착했을 때도 긍정적인 사고는 빛을 발한다. 도무지 해결할 수 없을 것만 같은 어려운 일을 당했을 때 "해낼 수 있어."라고 말해주는 사람의 존재는 큰 힘이 된다. 다만, 무작정 "잘될 거야."라는 말은 힘이 없다. 함께 최선을 다해 해결책을 고민하면서 하는 "해낼 수 있다."라는 말만이 힘을 발휘한다.

상황이 긍정적일 때, 일이 순항하고 있을 때는 "잘하고 있어." 같은 말이 도움을 주지만, 일이 뜻대로 되지 않을 때 아무런 대책 없이 "잘되겠지 뭐."라고 말하는 것은 딱히 도움이 되지 않는다. 다만, 긍정적인 태도로 주변에 활기를 불러일으키는 사람은 자신에게 엄격하면서 치열하게 실력을 쌓는 유형인 경우가 많다.

[그림 7] 현대그룹 창업주 故 정주영 회장

대한민국 1세대 경영인이자 현대그룹 창업주 정주영 회장은 "무슨 일을 시작하든지 된다는 확신 90%와 반드시 되게 할 수 있다는 자신감 10% 외에 안 될 수도 있다는 생각은 단 1%도 가지지 않는다."라는 말을 남겼다.

정주영 회장이 처음부터 대기업 총수였던 것은 아니다. 심지어 그의 최종 학력은 송전공립보통학교 졸업인데, 이 학교는 지금의 초등학교와 동격이었다. 기업을 일구는 일에 대해 집안의 반대도 상당했다. 그가 서울에서 경리 공부를 하다가 아버지에게 도로 끌려간 적도 있었다. 그의 아버지는 "대학 나온 놈도 실업자가 되는 판국에 너 같은 조선놈이 서울에 올라간다고 해서 다 성공하는 게 아니다. 게다가 넌 장남이니 농사를 지어야지."라면서 타일렀다고 한다. 그러나 정주영 회장은 다시 가출해 인천 부둣가에서 막노동 일을 해 돈을 벌며 서울에 정착했다.

이후 건설회사를 설립한 정주영 회장은 당시 대통령의 지시에 따라 조선소 건설 및 선박 수주를 하러 유럽행 비행기에 올랐다. 아무것도 없는 모래밭 사진과 거북선이 그려진 지폐 한 장을 보여주며 "한국은 영국이 배를 만들 때 세계 최초로 철갑선인 거북선을 만든 나라입니다."라는 말로 신용을 얻고 차관을 받아 수주를 얻어냈다는 이야기는 유명하다(물론, 대한민국 정부가 보증을 서주었기에 가능한 일이었다).

판매처를 확실히 해야 돈을 빌려주겠다는 영국 측의 주장 때문에 계약이 막판에 허무하게 가라앉을 뻔했는데, 정주영은 당시 해상왕으로 불리던 오나시스*의 처남 리바노스와 독대해 수주를 따냈다. "우리 배를 사겠다고 서명해주면 그 계약서를 들고 은행에서 조선소 지을 돈을 빌리겠

---

* 아리스토틀 소크라티스 오나시스(Aristotle Sokratis Onassis) (1906~1975): 그리스의 사업가. 오나시스의 처남이었던 조지 리바노스 회장은 현대중공업과 각별한 관계가 있다. 리바노스 회장은 정주영 현대그룹 회장이 울산 조선소를 세울 당시 정주영에게 유조선 2척을 발주해줌으로써 울산 조선소가 세계 최대 조선소로 발돋움하는 기틀을 다질 수 있게 했다.

다."는 말도 안 되는 일을 실현한 것이다. 긍정적인 에너지와 자신감이 없었다면 이런 일이 가능했을까?

정주영 회장의 일화는 여기서 그치지 않는다. 조선소 건설 관련 이야기보다 덜 알려졌지만 더 대단한 일화가 있다. 조선소 건설 공사가 한창이던 어느 날 비가 세차게 내렸다. 그날 밤 정주영 회장 일행을 태우고 현장으로 가던 차가 길에 쌓인 자재 더미를 피하려다가 전복되어 바다에 빠지는 일이 발생했다. 현장 직원들의 신속한 구조로 목숨은 건졌지만, 길에 방치한 자재 때문에 물에 빠진 사람이 다름 아닌 회장이었다는 게 문제였다.

이 사실을 안 직원들은 당연히 해고 걱정을 하며 사시나무 떨듯 떨 수밖에 없었다. 그런데 정주영 회장은 오히려 "바닷속이 아주 시원하더구면."이라고 농담을 던졌고, 심지어 자신을 구조해준 직원들에게 포상을 내렸다고 한다. 자기 목숨을 잃을 뻔한 상황에서 그 원인을 제공한 직원들에게 농담을 던지는 여유에, 심지어 포상까지 내리는 회장을 어떤 직원이 따르지 않았을까? 정주영 회장은 사람의 마음을 얻는 법을 이미 귀신처럼 알고 있었다.

과연 이 상황에서 당신이라면 농담을 던지고 직원에게 포상을 내릴 수 있을지 생각해보라. 적어도 이 책을 쓰고 있는 나는 그런 직원에게 불같이 화를 내고 싶은 걸 꾹꾹 참고 가혹한 인사 조치까지는 내리지 않더라도, 호탕하게 미소 지으며 "바닷물이 시원하다." 수준의 농담을 던지는 일은 할 수 없을 것 같다. 짐작만으로도 하기 어려운 일을 실제로 해냈다는 데서 정주영 회장의 그릇의 크기를 짐작할 수 있다. 그는 분명 주변 사람들에게 용기와 사기를 북돋아 주는 사람이었을 것이다. 그가 전설적인 창업주로 불리는 데는 여러 요소가 있겠지만, 그의 긍정적인 사고도 결코 빼놓을 수 없다.

화부터 내지 말고 해결 방안을 생각하라

정주영 회장의 일화와는 비교할 수 없지만, 나 역시 비슷한 일화가 있어 소개한다. 이 책에는 내가 겪은 일을 군데군데 실었는데, 나처럼 평범하게 세상을 살아가는 사람도 성공하는 습관을 들이려고 노력한다는 의미 정도로 받아들여 주면 좋겠다.

휴가 기간에 나 홀로 제주도 여행을 떠난 적이 있다. 설레는 마음으로 비행기에 올라 제주를 향해 가던 중 음료 서빙을 해주던 승무원이 실수로 내 옷에 토마토주스를 쏟았다. 당시 나는 흰 셔츠와 베이지색 바지를 입고 있었는데, 셔츠의 절반이 토마토주스로 빨갛게 물들었다. 당황해서 얼어버린 승무원에게 내가 뱉은 첫마디는 이랬다. "어떻게 하면 이 일을 해결할 수 있을까요?"

승무원은 다소 진정한 상태에서 일단 화장실에 물비누가 있으니 물비누로 얼룩이 빠지는지 확인 부탁한다고 이야기했고, 나는 그대로 화장실로 가 얼룩 부분에 물비누를 묻혀 비벼보았다. 그랬더니 얼룩이 서서히 빠졌다. 물로 헹구고 나서 보니 다소 젖긴 했지만 얼룩은 빠졌다. 다행히 바지는 베이지 색상이라 토마토주스가 약간 튀었지만 잘 보이지 않았다.

옷을 빨고 나와서 자리로 돌아오는데 비행기의 사무장과 승무원이 서 있었다. 잠깐 나를 조용한 곳으로 부르더니 죄송하다면서 세탁비를 내밀었다. 나는 그 상황에서 "승무원분이 실수하신 것은 맞지만 고의가 아니었고 이미 셔츠의 얼룩도 다 지워졌으니, 승무원분을 너무 질책하지 않겠다고 약속해주시면 세탁비를 받겠습니다."라고 했다. 사무장은 당연히 그렇게 하겠다고 이야기했고, 나는 세탁비를 받아 자리로 돌아왔다.

이 상황에서 어떤 사람들은 화를 내고 승무원을 마구 나무라며 어떻게 할 거냐고 항의할 수도 있다. 그런데 생각해보자. 그런 식으로 화를 내거나 항의한다고 해서 옷에 묻은 토마토주스가 저절로 사라지는 건 아니다. 화를 내고 부정적인 에너지를 뿜을 시간에 함께 해결책을 논의하고 문제를 해결하도록 최선을 다하는 편이 훨씬 더 나은 결과를 가져올 수 있다.

과거 모 기업의 임원이 비행기에서 승무원에게 라면을 끓여달라고 요구했다가 라면이 제대로 익지 않았다며 잡지책으로 승무원을 폭행한 사건이 있었다. 그 사건으로 그 임원은 전 국민의 공분을 샀다. 만약 그가 "라면이 덜 익은 듯한데 좀 더 끓여서 다시 주실 수 있을까요?"라고 말했다면 어땠을까? 그가 세간의 입방아에 오르내리는 일은 없었을 것이고, 소송당하거나 해고당하는 일도 없었을 것이다. 그가 겪은 일은 어쩌면 나보다 훨씬 가벼운 것인데도, 그는 스스로 부정적인 기운을 사방에 전파해서 일을 극단으로 치닫게 만들었다. 라면 국물을 쏟아서 화상을 입은 것도 아닌데 굳이 그렇게 화를 표출할 필요가 있었는가?

굳이 화를 내야 할 경우가 있다면, 상대방이 선의를 가지고 행동하지 않을 때, 악의가 담긴 고의적인 상황이라는 게 명백할 때, 상대방이 내게 정면으로 공격해올 때 정도가 되겠다. 비상식과 몰염치에는 당당하게 맞서되, 그렇지 않은 일에는 항상 긍정적으로 생각하고 주변에 격려의 말을 건네보자. 그때 여러분과 여러분의 주변 사람은 함께 성장해나갈 수 있을 것이다.

제6장 , 당신의 유형은?

체크 표시(✓) 하시오.

Fatal Failure	☐	Super Success	☐

화가 넘친다. 부정적인 기운이 전달된다.	기쁨과 활력이 넘친다. 주변에 긍정적인 기운을 전한다.
별일 아닌데도 매사에 짜증과 화를 사방에 흩뿌리고 다닌다. 화를 내는 것이 일하는 데 도움이 된다고 착각하지만, 실제로는 인심을 잃고 주변 사람들을 모두 떠나보내는 경우가 많다.	다소 당황스러운 순간에도 침착하게 해결책을 제시하고, 언제나 위트와 여유를 잃지 않으며 주변 사람과 자신을 격려한다. 주변에 좋은 사람들이 늘어나고, 이들과 동반 성장한다.

당신의 슈퍼 성공을 위한 아이템!
Action Items for Super Success

Q 최근 당신이 주변 사람에게 화를 내거나 짜증을 부린 일이 있는가? 있다면 어떤 상황이었고, 당신이 어떤 말을 했는지 써보라.

A

Q 최근 당신이 주변 사람에게 격려의 말을 건네고 용기를 북돋아 준 일이 있는가? 있다면 어떤 상황이었고, 어떤 말을 해주었는지 써보라.

A

Q 문제를 마주칠 때 분노를 가라앉히는 당신만의 비법이 있는가? 있다면 써보라. 만약 없다면, 마음속으로 "해결할 수 있다!"라고 세 번 외치고 문제를 대하라.

A

자신이 어떤 사람이 되고 싶은지 모른다

제7장

V

S

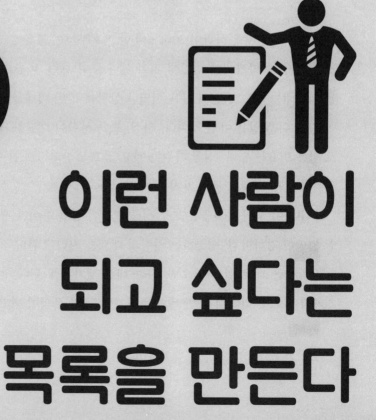

이런 사람이
되고 싶다는
목록을 만든다

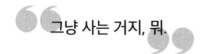

" 그냥 사는 거지, 뭐. **"**

" 어차피 계획대로 되는
인생도 아니고…. **"**

실제로 주변 많은 사람이 20대 중후반 이후부터는 꿈을 놓고 살아가는 것을 본다. 안타깝지만 현실에 치여 살다 보니 그런 것 같다. 하루하루를 버텨내는 것도 만만치 않은 치열한 상황에서 먼 미래를 생각하는 것이 결코 쉬운 일은 아닐 것이다. 사실, 모든 사람이 대단한 성공을 목표로 삼을 필요는 없다. 성공 따위는 필요 없고 일상의 소소한 행복만으로 충분하다면, 그것도 분명 가치 있는 삶이다.

그러나 이 책의 독자들은 모두 성공 열망이 강한 분이라 생각한다. 성공 열망이 강하다면, 성공하는 사람의 태도를 지녀야 한다.

"생각하는 대로 살지 않으면, 사는 대로 생각하게 된다."라는 미국의 경제학자 스콧 니어링Scott Nearing의 명언처럼, 내가 무엇이 되고 싶다고 생각하지 않는 사람은 말 그대로 흘러가는 대로 세상을 살게 된다. 삶에 대해 근시안적인 사고로 사는 사람이 크게 성장한다는 것은 확률상으로도 어려운 일이다.

플랭크^{Plank}라는 코어 근육 강화에 좋은 운동이 있다. 이 운동은 개수를 세는 운동이 아니므로 오래 버티는 것이 중요하다. 두 사람이 있다. 한 명은 "할 수 있을 때까지 해보겠어."라는 마음으로 임하고, 다른 한 명은 "1분은 어떻게든 버텨보겠어."라고 타이머를 작동했다고 하자. 누가 더 길게 할 수 있을까?

첫 번째 사람이 운동 능력이 아주 탁월한 게 아닌 이상 두 번째 사람이 더 오래 버틸 가능성이 높다. 1분이라는 구체적인 목표가 있기 때문이다. 첫 번째 사람은 어느 정도 하다가 힘들어지기 시작하면 '이제 그만할까?'라고 생각하게 된다. 절대적인 것은 아니지만, 대부분 **목표를 정하지 않은 사람이 목표를 정한 사람보다 더 오래 버텨낼 확률은 미미하다.**

겨우 1분 남짓한 운동에서도 목표 설정은 이처럼 중요한데, 인생 전체에서는 오죽할까? "난 이런 사람이 되겠어."라고 생각하는 일이 성공으로 향하는 첫걸음이 된다.

목적지도 없이 망망대해를 항해해야 한다면 당연히 힘이 빠진다. 그러나 자신이 되고 싶은 모습을 생각하고 상상하고, 글로 기록하고 목표와의 격차를 줄이기 위해 노력해야 실제로 목표에 가까운 사람이 될 수 있다.

천만 달러를 가슴에 품고 산 사람

짐 캐리$^{Jim\ Carrey}$는 영화 〈트루먼 쇼〉〈덤앤더머〉〈부르스 올마이티〉로
유명한 배우다. 캐나다에서 태어난 그는 배우의 꿈을 안고 할리우드로
향했다. 그러나 할리우드에서 배우로 데뷔하기는 쉽지 않았다. 1981년
부터 할리우드에서 생활하며 단역이라도 따내려고 노력했지만 그것도
쉬운 일이 아니었다. 돈이 없어 노숙 생활을 하면서 하루 1달러짜리 햄

버거 하나가 식사의 전부일 때도 있었다. 그
마저도 없을 때는 쓰레기통을 뒤져 남이 먹
다 버린 빵을 먹는 비참한 생활을 지속했다.
천만 달러 출연료를 받는 배우가 되겠다고
한 아버지와의 약속 때문에, 그는 힘들어도
결코 꿈을 포기하지 않았다.

[그림 8] 영화배우 짐 캐리. 영화 〈마스크〉로
일약 스타덤에 오른다.

그러던 짐 캐리에게 기회가 찾아오는데,
NBC 시트콤에서 오디션 기회를 준 것이다.
이때 짐 캐리를 눈여겨본 제작자 로드니 데인저 필드는 그를 시트콤 〈덕
패밀리〉(원제: The Duck Factory)의 주인공으로 전격 발탁한다. 하지만 짐
캐리는 여기서 큰 주목을 받지 못했고, 이후 TV 드라마와 영화에도 출연
했지만 역시나 큰 주목을 받지는 못했다.

이 정도면 사실 그 꿈을 포기하고 다른 길을 찾는 것이 마땅했을지도
모른다. 그런데도 그는 꿈을 포기하지 않았다. 그렇게 버티고 버티다 만

난 영화가 바로 〈마스크〉(1994)였다. 〈마스크〉는 전 세계적으로 관객 수입 4천억 원이라는 엄청난 흥행 열풍을 가져왔고, 주연을 맡은 짐 캐리는 일약 스타로 떠올랐다.

이후 그가 출연한 〈덤 앤 더머〉 〈에이스 벤츄라〉 〈부르스 올마이티〉 등이 꾸준히 흥행을 이어가며 짐 캐리는 할리우드 주연 배우로 자리를 잡았다. 〈배트맨 포에버〉에 이르러서는 천만 달러의 출연료를 받는 배우가 되겠다는 꿈을 결국 이루게 된다.

실제로 천만 달러의 출연료를 받기 전까지 짐 캐리는 항상 지갑에 자신이 만든 천만 달러짜리 가짜 수표를 들고 다녔다고 한다. 그가 얼마나 자신의 꿈과 목표에 집중했는지 알 수 있는 대목이다.

한 단계 목표를 올려 잡아라

"100점을 목표로 해야 90점이라도 맞는다."라는 말이 있다. 목표를 높게 설정해야 그 목표 근방에 갈 수 있다는 뜻이다. 물론 목표한 대로 이뤄낸다면 가장 좋겠지만, 세상 모든 일을 자기 마음대로 해낼 수는 없다. 구체적인 목표를 잡고 행동하는 사람과 그렇지 않은 사람은 성과에서 큰 차이가 날 수밖에 없다.

목표만 높고 아무런 행동을 하지 않는 사람이 가장 발전 없는 부류이다. 열심히 노력한다는 전제하에 높은 목표를 설정한다면 그보다 낮은 목표는 자연스레 달성할 수 있게 된다. 데일 카네기도 "큰일을 먼저 하라. 작은 일은 저절로 처리될 것이다."라고 이야기한 바 있다.

공격적인 목표를 세우고 최선을 다하면 원래 생각했던 위치보다 더 높은 위치에 오를 수 있게 된다. 책을 내는 것이 소망인 사람은 책을 내는 것으로 만족하고 끝이다. 그러나 "세계가 사랑하는 베스트셀러를 집필하겠어."라고 마음먹으면 꾸준히 책을 낼 힘이 생긴다. 한 차원 높은 목표 설정은 어떤 일을 지속적으로 하게 만든다.

목표를 높게 잡는 것은 그 목표를 이룬 뒤에도 도움이 된다. 매너리즘에 빠지지 않게 해주기 때문이다. 자신이 목표로 했던 일을 끝내 이루고 나면 허무함에 빠지는 경우가 생긴다. 간절히 바라던 대학 진학, 목표한 회사 입사, 기대한 프로젝트의 성공 이후 몰려드는 허무함 말이다.

단기적인 목표만 바라보고 세상을 살면 이처럼 쉽게 허무해진다. 그 이후에는 열정이 식고 매사가 권태스러워지면서 매너리즘에 빠지게 된다. 매너리즘에 빠지는 그 시간만큼 소중한 인생을 의미 없이 흘려보내는 셈이다. 그러나 목표가 원대하다면, 작은 성취에 허무할 겨를이 없다. 어떤 고생을 해도 쉽게 지치지 않고 꾸준히 앞을 향해 걸어나갈 수 있다.

짐 캐리는 '천만 달러 개런티'라는 목표를 이룬 이후 삶에서 무기력함을 느끼고 많은 걸 내려놓은 채 살아갔다. 초창기 그에겐 천만 달러 개런티를 받는 배우란 상상할 수 없이 높은 목표였을 것이다. 하지만 결국 그 꿈을 이루었고, 그 뒤 밀려오는 허무함 때문에 많은 것을 내려놓는 선택을 했을 가능성이 높다.

자신이 되고 싶은 목표가 높을수록 좋은 이유가 여기에 있다. **불가능에 가까운 목표를 잡고 그것을 이루어나가기 위해 작은 목표를 하나하나**

달성하는 방법이 좋다. '서울대 합격' '하버드대 합격'이라는 목표도 좋지만, "우리나라의 IT 기술을 세계 최고 수준으로 올려놓기 위해 우선 서울대 컴퓨터 공학부에 입학하겠어."라는 목표를 설정하는 것이 더욱 효과적이고 건강한 방식이다.

서울대만 바라보다가 막상 서울대에 합격해 심각한 무기력증을 느끼는 사람들을 종종 본다. 그러나 우리나라의 IT 기술을 세계 최고 수준으로 올려놓는 사람이 되겠다고 목표한 사람은 서울대에 합격했다고 해서 모든 꿈을 이룬 게 아니므로 여전히 자신이 되고 싶은 모습을 향해 나아갈 것이다.

자신이 되고 싶은 최종의 모습을 생각하고 그 목표에 다다르기 위해 하나하나 작은 목표들을 성취해가는 삶은 성취하는 기쁨을 누리게 해주는 동시에 매너리즘에 빠지지 않고 하루하루를 활기차게 보낼 수 있게 해준다.

To-be list를 만들라

내가 되고 싶은 모습은 한 가지로 그치지 않을 수 있다. 직업적으로는 뛰어난 커리어를 가꾸고 싶고, 부모님에게는 효도하는 딸, 아들이 되고 싶을 수 있다. 아이에게 좋은 엄마, 아빠가 되고 싶은 욕심도 있을 것이다. 내가 지키고 싶은 여러 가치관이 있는데, 그 가치관에 맞지 않는 목표가 있을 수도 있다. 따라서 자신이 되고 싶은 모습을 글로 적고, 그중 가장 중요한 것이 무엇인지 생각해보는 시도가 필요하다. 이것저것 너무 많은 목표에 욕심을 부리다가 아무것도 하지 못하게 될 수 있기 때문이다.

동시에 이루기 불가능해 보이는 목표들도 계속 꿈꾸고 방법을 고민하다 보면 동시에 달성할 수 있다. 예를 들어, 뛰어난 커리어를 가꾸고 싶은 사람이 좋은 부모가 되는 일은 자칫 불가능해 보일 수 있다. 그러나 그것은 불가능한 일이 아닐 수도 있다. 주중에 회사에 있을 때 쓸데없는 시간을 줄여 최선을 다해 일하고, 퇴근 후와 주말에 가족과 최대한의 시간을 보내며 살아간다면 불가능한 목표가 아니다. 그냥 누워서 쉬고 싶고 게임을 하거나 드라마를 보고 싶을 수도 있다. 그러나 자신이 정말 두 가지 목표를 모두 일구어 가고 싶다면 방법을 찾아내야 한다. 능력이 부족하다면 솔직하게 인정하고 한 가지 목표를 줄이는 것도 방법이다.

To-be list는 To-do list를 동반한다

내가 무엇이 되고 싶은지를 머리로만 생각하면 생각이 뒤엉켜 이도 저도 아닌 상황이 된다. 자신이 되고 싶은 모습을 기록으로 남기지 않으면, 그저 흘러가는 대로 살게 된다. '부자가 되고 싶다'라는 생각을 머릿속에서 둥둥 떠다니게 하는 건 누구나 할 수 있다. 하지만 부자가 되고자 내가 할 수 있는 일을 생각하고 실행에 옮기는 사람은 극히 드물다.

부자가 되고 싶다면 자기 성향에 맞는 부자 되는 법을 찾아야 한다. 머릿속에서만 부자가 되고 싶다, 부자가 되고 싶다 천 번 만 번 외쳐본들 당신은 절대 부자가 될 수 없다. 되고 싶은 것만 있고 되고 싶은 것을 이루려는 행동은 없기 때문이다.

내가 도달하고 싶은 최종 목표를 세웠다면, 그 과정에서 도달하게 될 중간 목표를 정하라. 그 중간 목표를 이루기 위해, 지금 나는 무엇을 해야 하는지 생각하라.

따라서, To-be list는 3단계로 구분된다. 인생에서 궁극적으로 이뤄보고 싶은 목표가 To-be list 최초에 들어간다면, 이후에 To-be list를 이루기 위해 내가 갖추어야 하는 자격 요건 따위를 Sub To-be list로 만든다. 이를 실제로 이뤄내기 위해 해야 하는 일이 To-do list다.

To-be list	Sub To-be list	To-do list
• 인생에서 궁극적으로 이루고 싶은 가치 • 인생에서 마지막까지 지키고 싶은 가치 • 인생을 살면서 반드시 당도해보고 싶은 목표	• To-be list를 이루기 위해 내가 갖추어야 하는 자격 및 조건	• Sub To-be list를 이루기 위해 내가 해야 하는 일

>>> To-be list는 3단계의 구조로 이루어진다.

앞서 언급했던 내용을 생각해보자. To-be list에 '부자가 되고 싶다'는 이야기를 적었다면, 실제로 부자가 되기 위해 내가 어떤 사람이 되어야 하는지 찾아야 한다. 즉 무엇을 해서 부자가 될지를 생각하는 것이다. 사업을 하거나 장사를 해서 부자가 될 수도 있고, 투자를 해서 돈을 많이 벌 수도 있다. 회사를 열심히 다니고 사장 자리에 올라서 부자가 될 수도 있다. 이런 다양한 선택지 중에서 자신에게 가장 잘 맞는 방법을 찾아야 한다.

그다음 To-do list를 작성하기 시작한다. 사업을 하거나 장사를 하겠다고 마음먹은 사람은 어떤 사업을 할지 정하고 사업 준비를 시작해야 한다. 하고자 하는 사업 분야에 관해 공부하고 조사한 다음, 사업자등록을 하고 필요하다면 사무실을 구하고 그 사업을 하는 데 필요한 제반 사항을 챙겨야 한다. 투자로 부자가 되겠다는 사람은 어떤 자산에 투자할지, 어떻게 투자 자산을 관리할지, 투자할 자본금은 어떻게 조달할지 등을 고민하고 투자를 실행해야 한다.

"부자가 되고 싶다."라고 외치는 사람들 중 이런 고민을 진지하게 해본 사람이 몇이나 될까? 막연히 "지금 직장을 열심히 다녀서 성공하겠어."라고 말할 수는 있다. 그런데 "그 회사의 사장이 되면 정말 부자가 되는 게 맞나?"라는 고민을 제대로 해보지 않은 채 "열심히 직장에 다녀서 부자가 될 거야."라고 외치는 것은 의미도 소용도 없는 일이다.

기록해보지 않고 머릿속에서 무엇이 되고 싶다고 막연히 생각만 한다면, 혹은 그런 생각조차 하지 않는다면 성공할 리 없다. 아무것도 생각하지 않고 흘러가는 대로 살면 반드시 실패한다고 말할 수 없지만, 성공할 수 없다고는 분명히 말할 수 있다. **성공은 우연의 산물이 아니라 치밀한 계획과 치열한 행동의 결과물이기 때문이다.**

당신이 만약 성공하고 싶다면 성공은 막연한 상상만으로는 절대 불가능하다는 사실을 꼭 기억하자. 성공은 열망하는 사람만이 이룰 수 있는 가치다.

제7장 , 당신의 유형은?

체크 표시(✓) 하시오.

Fatal Failure ☐   Super Success ☐

어떤 사람이 되고 싶은지 생각도 안 해봤다.

어떤 사람이 되고 싶은지 To-be list를 만든다.

목표 의식 없이 하루하루를 흘러가는 대로 산다. 막연한 목표가 있긴 하지만, 어떻게 그 목표를 달성해나갈지에 대한 계획은 없다. 목표만 높고 아무런 행동을 하지 않는다.

인생에서 이루고자 하는 가치가 있고, 그 가치를 이루기 위해 자신이 어떤 단계를 밟아나가야 하는지 알고 있다. 그 목표와 과정을 기록으로 남기며, 무엇을 해야 할지 고민하고 실행한다.

당신의 슈퍼 성공을 위한 아이템!
Action Items for Super Success

Q 당신은 어떤 사람이 되고 싶은가? 인생의 최종 목표인 To-be list를 작성해보라.

A

Q To-be list를 위해 필요한 중간 목표는 무엇이라 생각하는가? Sub To-be list를 작성해보라.

A

Q 이 목표들을 달성하기 위해 어떤 행동이 필요한가? To-do list를 작성해보라.

A

Q To-do list 가운데 지금 당장 할 수 있는 일들은 무엇인가?

A

건강을 해치는 습관이 있다

제8장

S

건강을 위해
꾸준히 몸을
관리한다

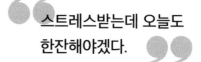

> **나 힘들어서 주말 내내
> 누워만 있었잖아.**

> **스트레스받는데 오늘도
> 한잔해야겠다.**

10대와 20대를 지나 30대가 되면 주변 사람들이 하나둘씩 전성기의 체력에서 내리막길을 걷기 시작한다. "몸이 예전 같지가 않아."라는 말은 예사고, 한때는 밤을 꼬박 새우고도 다음 날 말짱했다는 이야기는 과거의 무용담으로 아득히 사라진다. 조금만 과음을 해도 그다음 날 일어나기가 힘들어 주말을 통째로 날려버리는 일이 흔한 사람도 많다.

가끔 기분 전환을 하려고 혹은 정말 오랜만에 사랑하는 사람들을 만나서 술을 마실 수 있다. 때로는 다음 날까지 힘들 정도로 과음을 할 수도 있다. 가끔이라면 괜찮지만, 그런 일이 매일, 매주 반복되면 문제가 생긴다. 그것은 우리에게 가장 소중한 자원인 시간을 계속 허비하는 일이기 때문이다.

교육 수준이 높을수록 흡연율이 줄어든다는 것은 잘 알려진 사실이다. 교육 수준이 높을수록 운동을 정기적으로 하는 비율이 높아진다는 사실도 역시 잘 알려져 있다. 성공하는 사람들은 자신의 건강 관리에 관심이 많고 꾸준히 몸을 관리하는 반면, 실패하는 사람은 건강을 해치는 일을 자주 한다.

건강과 체력은 전기차의 배터리와 같다

최근 테슬라^{Tesla}를 비롯한 전기차 열풍이 전 세계에 뜨겁게 불고 있다. 전기차를 둘러싼 여러 요소 중 가장 많은 회사가 공을 들이는 부분은 바로 배터리다. 한 번 충전으로 얼마나 긴 거리를 이동하느냐가 현재 전기차 시장에서 경쟁 우위를 확보하는 관건이라고 할 수 있다. 제아무리 좋은 성능과 멋진 외관, 인테리어와 각종 시스템을 잘 갖추고 있다 하더라도 차의 본질은 이동에 있기 때문이다. 따라서 많은 기업이 한 번 충전으로 더 오래 운행할 수 있는 배터리를 개발하는 데 연구 역량을 집중하고 있다.

전기차에서 배터리가 가장 중요하듯, 사람에게는 건강과 체력이 배터리 역할을 한다. 건강을 잃으면 모든 것을 잃는 것과 같다는 말은 진실이다. 몸이 아픈데 무슨 위대한 일을 제대로 해나갈 수 있겠는가? 활력이 없고 늘 지쳐 있고 피곤이 가득한 사람은 집중해야 할 때 집중하지 못한다. 이런 사람은 특히 장시간 집중이 필요한 일은 성공은커녕 시도조차 하기 어렵다.

열심히 일하는 것도, 누군가에게 희망의 말을 건네는 것도, 모든 일의 기본에는 건강함과 체력이 있어야 한다. 일도, 노는 것도 체력이 없다면 불가능하다.

건강 관리는 스트레스 관리와도 연관된다

일정 수준의 스트레스는 건강한 삶을 영위하는 데 도움을 준다. 약간의 긴장감은 실수를 줄여주고 더 꼼꼼하게 일에 임하게 하는 원동력이 된다. 문제는 다소 수준 높은 스트레스다. 이런 스트레스는 반드시 풀어줄 필요가 있다.

여기서 성공하는 사람과 실패하는 사람의 습관이 갈린다. **성공하는 사람은 스트레스를 선순환적인 요소로 풀고 관리하는 반면, 실패하는 사람은 악순환적인 요소로 스트레스를 관리한다.**

A와 B 두 사람이 직장 상사에게 호되게 야단을 맞았다고 가정해보자. A는 기분이 나쁜 나머지 회사 사람들과 상사 욕을 실컷 해가며 과음을 한다. 늦게 집에 들어와 제대로 정리도 못 한 채 잠이 들고, 다음 날 일어나보니 지각하게 생겼다. 허둥지둥 씻지도 못한 채 회사로 향하지만, 지각을 면하지는 못했다.

꼬질꼬질하고 정돈되지 않고 허둥대는 모습을 본 상사는 또다시 A가 못마땅하다. A는 어제 늦게까지 과음한 숙취로 제대로 일을 하기도 어렵다. 회의 시간에 꾸벅꾸벅 졸다가 발언해야 할 시간에 발언을 못 하니 모두가 그를 쳐다본다. A는 또다시 상사에게 불려가 호되게 혼난다. 너무 화가 나니 내일은 모르겠고 오늘도 술 한잔하면서 스트레스를 풀어본다.

B는 최선을 다한 결과에 대해 호되게 야단을 맞으니 기분이 썩 좋지 않다. 하지만 지금 혼났다고 해서 일이 실패한 것은 아니라 생각하고 간단하게 저녁을 먹은 뒤 늘 가는 헬스장으로 향한다. 상쾌하게 달리기를 하고 땀을 빼니 오늘 혼났던 일에 대한 스트레스도 어느 정도 날아가고 마음이 가벼워진다. 그다음 날, 평소보다 1시간 정도 일찍 출근한 B는 부족하다고 지적받은 내용에 대해 추가 조사를 진행해 자료를 보강한 다음, 상사에게 다시 한번 검토해달라고 요청한다.

상사가 검토해보니 하루 만에 B는 훨씬 더 좋은 자료를 만들어냈다. 상사로부터 '훨씬 좋아졌다'는 피드백을 받자 B는 더욱 자신감이 넘치게 된다. 오늘도 퇴근 후 운동으로 땀을 흘려야겠다고 생각한다.

다소 극단적인 예라고 생각할지 모르지만, 실제로 벌어지는 일이다. 성공하는 사람들은 운동, 명상 등 자신에게 선순환을 일으키는 요소를 스트레스 해소 기제로 삼는다. 실패하는 사람들은 스트레스를 받으면 비교적 자극적이고 몸에 좋지 않은 요소들로 순간의 나쁜 기분을 해소하려고 한다. 몸에 좋지 않은 요소들은 체력을 갉아먹고 다음 날 정상 컨디션이 되는 것을 방해해 실수를 반복하게 하고 나쁜 결과를 만드는 악순환에 빠지게 한다. 이런 하루하루가 쌓일수록 두 사람의 격차는 더욱 벌어지게 된다. 누가 성공하고 누가 실패하는지는 굳이 말하지 않아도 알 것이다.

당신만의 건강한 습관은 무엇인가?

여러분에게 취미가 무엇이냐고 묻는다면 뭐라고 답하겠는가? 독서, 운동, 친구들을 만나는 일, 게임 등 여러 가지 답이 나올 수 있다. 성공하는 사람들은 체력적, 정신적으로 건강한 습관을 적어도 한 가지는 가지고 있다. 예컨대 정기적으로 운동을 한다거나, 꾸준히 독서를 한다. 혹은 명상이나 요가 등으로 마음과 정신을 맑게 한다.

무엇이 좋다고 딱 꼬집어 말할 수는 없지만, 성공하는 사람들은 자기 자신을 차분히 정돈하고 지속적으로 체력을 유지할 수 있는 취미를 적어도 한 가지는 가지고 있다. 고^故 김영삼 전 대통령은 30년 동안 조깅으로 체력을 유지한 것으로 유명했다. 당시 빌 클린턴 미국 대통령이 한국을 방문했을 때도 김영삼 대통령은 함께 조깅하자고 권했고, 반대로 미국에 방문했을 때도 매일같이 새벽 5시에 일어나 조깅하는 모습에 미국 경호원들이 혀를 내둘렀다고 한다.

굳이 명사들의 건강 관리 습관을 이야기하지 않더라도 체력이 없으면 하고 싶은 일을 마음껏 할 수 없다는 사실은 누구나 수긍하리라고 생각한다. 건강한 습관은 삶을 꾸준히 건강하고 활기차게 살게 하는 데 도움을 주며, 정서적인 안정에도 큰 도움을 준다. 식습관도 중요하다. 운동을 열심히 한다고 해도 몸에 좋지 않은 식습관을 가지고 있다면 건강할리 없다. 가끔 몸에 좋지 않은 음식을 먹는다 하더라도 평소 고른 식단을 유지하며 몸에 좋은 음식을 섭취하는 일이 중요하다.

체력은 도화지와도 같다. 깨끗한 도화지에는 얼마든지 원하는 그림을 그려나갈 수 있지만, 덕지덕지 얼룩진 도화지에는 원하는 그림을 그리기가 어렵다. 도화지 일부분이 구겨져 있거나 찢겨 있다면 어떻게 좋은 그림을 그리겠는가?

성공하는 사람은 건강해야 한다. 건강하지 않으면 성공도 의미가 없기 때문이다. 성공하기 위해서도 건강해야 하고, 건강해야 성공도 의미가 있다는 사실을 꼭 기억하자.

제8장 / 당신의 유형은?

체크 표시(✔) 하시오.

Fatal Failure ☐ Super Success ☐

건강을 해치는 일을 자주 한다. | **건강 관리에 관심이 많고 꾸준히 몸을 관리한다.**

정기적으로 운동을 하지 않고 폭음과 흡연을 자주 한다. 스트레스를 받았을 때 건강하지 않은 방법으로 스트레스를 해소하는 습관이 있다. 그다음 날 체력이 안 뇌어 썰썰매고, 해야 할 일도 제대로 하지 못한다.

정기적인 운동과 식단 관리로 건강한 몸 상태를 유지한다. 특히 스트레스를 건전한 방법으로 극복하고 더 나은 성과를 낼 수 있도록 체력 유지에 힘쓴다.

당신의 슈퍼 성공을 위한 아이템!
Action Items for Super Success

Q 당신은 정기적으로 하는 운동이 있는가? 있다면 써보라.

A

Q 아직 없다면, 정기적으로 어떤 운동을 하고 싶은지 써보라.

A

Q 당신의 식습관 중 건강하지 않은 것이 있는가? 있다면 무엇인지 써보라.

A

Q 당신은 오늘 하루 어떤 음식을 먹었는가? 매일 기록해보라.

A 월 |
화 |
수 |
목 |
금 |
토 |
일 |

Q 당신의 식단에서 건강하지 않은 음식이 있는가? 있다면 써보라. 다음 주에는 그런 음식을 절반 이하로 줄이기로 계획하라.

A

현재에 집중하지 못한다

제9장

S

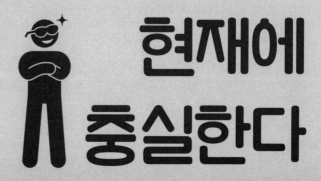

현재에
충실한다

> **66 나 다이어트하는데
> 이거 먹으면 안 되는
> 데…. 99**

> **66 낼 시험인데 이렇게
> 놀면 안 되는데…. 99**

맛있는 음식을 앞에 놓고 "나 다이어트해야 하는데…"라고 이야기하는 사람들이 많다. 그 마음을 모르는 것은 아니나, 나는 그런 말을 하는 사람에게 종종 이렇게 말하곤 한다. "그럼 먹지 마." 그러면 섭섭하다는 듯, "어떻게 그렇게 말할 수 있냐?"라고 반응한다. 그러면 나는 이야기한다.   "아니, 다이어트해야 한다며. 그럼 먹지 말아야지. 아니면 그냥 지금 맛있게 먹고 다이어트해야 한다는 말을 안 하면 안 돼? 왜 지금 먹는 걸 앞에 놓고 그런 말을 하는 건데?"

이렇게 되면 상대방은 말을 잇지 못한다.

뭐 그렇게까지 잔인하게 말하느냐고 생각할 수도 있다. 그럼 처지를 바꿔서 생각해보자. 맛있는 음식을 앞에 놓고, 어차피 먹을 거면서 다이어트 이야기를 하면 실제로 다이어트가 되는 걸까? 그것도 아닌데 왜 의미 없는 말을 하나? 맛있는 음식 앞에서는 그냥 맛있게 즐겁게 먹고 나중에 열심히 운동해서 빼든지, 다른 끼니를 다이어트 식단으로 먹으면 간단히 해결될 일 아닌가?

실패하는 사람은 현재를 살지 못한다

실패하는 사람들은 현재를 즐기지 못한다. 현재 즐거운 일이 있으면 그저 온전히 즐기면 되는데, 동시에 앞으로의 일을 걱정한다. 음식 앞에서, 심지어 맛있는 음식을 먹으면서도 다이어트 걱정 때문에 맛있게 먹지 못한다. 시험 기간에 공부 안 하고 딴짓하면서 시험 성적을 걱정하느라 제대로 놀지도 못한다. 현재 온 가족이 아무 걱정 없이 너무 행복한데도, 그 행복을 만끽하지 못하고 있지도 않을 미래의 우환을 생각하며 미리 근심 걱정에 빠진다.

어차피 공부 안 하고 놀 거면 노는 데 집중한 다음 다시 공부에 집중하면 된다. 그런데 책상 앞을 떠나지도 못하고 어설프게 다른 일에 한눈을 판다. 그렇게 해서 시험 성적이 좋을 리 만무하다. 그렇다고 시험 못 본 게 후회 안 될 만큼 재미있게 놀았는가? 그렇지도 않다. 이도 저도 아닌 결과를 받아들게 된다.

현재 일어나는 일에는 충실하지 못한 채 과거의 염려나 다가올 미래에 대한 걱정을 달고 산다. 정말 미래를 걱정하는 것인가? 그렇지도 않다. 말은 그렇게 하면서도, 정작 걱정하고 있는 미래를 개선할 행동을 하는 것은 아니다. 맛있는 음식을 앞에 두고 다이어트 걱정을 하는 사람이 그 이후 식이요법을 철저하게 지키거나 운동을 열심히 하는 일은 거의 없다. 말로는 그럴듯하게 목표를 내세우지만, 그 목표를 위해 실질적으로 행동하는 일은 없다. 그냥 말로 걱정만 하고, 실제로는 아무 조치도 하지 않는 것이다.

그러면서 현재도 즐기지 못한다. 맛있는 음식을 먹으면서도 그 맛을 온전히 즐기지 못하고, 시험 기간에 웹툰을 보면서도 그 웹툰에 온전히 빠지지 못하고, 행복한데도 활짝 웃음 한 번 짓지 못한다. 요컨대 현재 상황을 받아들이고 즐기지 못한 채 그저 미래를 걱정만 할 뿐, 나아지게 한 행동은 하지 않는 것이다. 현재도 미래도 제대로 살지 못하는 이런 삶에서 발전이 있을 수 없다.

성공하는 사람들은 다르다. 성공하는 사람들은 현재에 충실한 삶을 산다. 맛있는 음식을 먹을 때는 칼로리 걱정 없이 즐겁게 맛을 음미한다. 그 대신 다른 식사 때 식단을 조절하고 너무 많이 섭취한 칼로리를 운동으로 소비한다. 그런 식으로 건강과 체중 관리에 힘을 쓴다. 지금 맛있는 음식을 먹는 순간도 소중하고, 이후 다이어트 식단을 지키는 순간도 중요하다. 매 순간 충실하게 살아가며 더 나은 삶을 향해 나아가는 게 성공하는 사람들의 일반적인 공식이다.

이를 '현실 충실성'이라고 표현하는데, 성공하는 사람들은 현실 충실성이 아주 높아서 언제나 현재를 즐길 줄 안다. 멀리 여행을 와서까지 회사 일 걱정에 조바심을 내지 않는다. 아무리 부담스러운 회사 일이 기다리고 있더라도, 현재 여행이 주는 즐거움에 흠뻑 젖어든다. 그러다 다시 일상에 복귀하면 여행지 생각은 접어두고 온전히 일에 몰입한다.

공부도 마찬가지다. 놀 때 신나게 놀다가 공부하기로 마음먹은 기간에는 공부에만 최대한 집중한다. 현재에도 충실하고 다가올 미래에도 충실한 사람이 지속적으로 더 좋은 성과를 낸다.

하루하루가 모이고 쌓일수록 현재를 충실하게 사는 사람과 그렇지 못한 사람의 격차는 점점 커질 수밖에 없다. 어떤 순간에도 충실하지 못한 사람과 어떤 순간이든 충실한 사람이 격차가 벌어지는 건 어찌 보면 당연한 일이다.

현실 충실성을 높여라

현실 충실성에 대해 좀 더 생각해보자. 현실 충실성이란 지금 앞에 놓인 상황을 얼마나 기쁘게 받아들이고 충실하게 즐기는지를 나타내는 말이다. 현재에 일어나는 일을 현재로 인식하고 그것에 대해 최선을 다하라. 과거는 지나갔고, 미래는 오지 않았기에 우리가 영향력을 행사할 수 있는 시간은 오로지 현재뿐이다.

미래에 다가올 문제가 걱정된다면 바꿀 수 있는 것은 현재이며, 잘못된 과거 일을 돌려놓고 싶다면 그 문제를 바로잡을 수 있는 것 역시 현재다. 현재에 과거 문제를 바로잡아야 미래에도 같은 잘못을 반복하지 않을 수 있다.

현실 충실성이 높은 사람들은 상황을 받아들일 때 대부분 긍정적이다.

즐거운 일이면 더할 나위 없이 즐기고, 어렵고 도전적인 일이면 최선을 다해보겠다는 마음으로 응한다. 과거의 영광에 얽매여 자신을 과대평가하고 과신하지 않으며, 오지 않은 미래에 대해선 막연한 걱정도 무조건적인 낙관도 하지 않는다. 무엇보다 자신의 능력을 객관적으로 보고 일을 진행하는 능력이 있다.

현실 충실성이 높은 사람들은 자신의 영향력이 오직 현재에만 미칠 수 있음을 알고, 현재 일어나는 여러 일을 기쁘게 받아들이고 최선을 다한다. 핵심은 현재에 최선을 다한다는 것! 설령 목표했던 일의 진행에 다소 제동이 걸렸다 해도 그 시간을 제외하고는 목표를 향해 전력투구하고, 지금 하는 일이 그 목표에 필요한 것이라면 최대한 열심히 한다.

현실 충실성이 낮은 사람들은 상황을 마지못해 받아들이는 경향이 크다. 분명 자신이 의도한 일인데도 그 상황을 기꺼이 받아들이지 않는다. 자신이 좋아서 온 음식점인데 다이어트를 해야 한다며 그 순간을 제대로 즐기지 못한다. 막상 다이어트 식단을 먹어야 할 때는 "내가 무슨 영광을 누리겠다고 이런 부실한 음식을 먹냐."며 한탄한다. 운동하러 가도 운동하는 내내 힘들어하며 표정, 몸짓, 말로 힘듦을 표현한다. 그러다 어느 날 운동을 빠지게 되면 또다시 "나 살 빼야 하는데." "운동해야 하는데." 라고 투덜댈 뿐 실제로 운동하러 가지는 않는다.

현실 충실성이 낮은 사람들은 행동하지도 않을 거면서 말로만 걱정을 한다. 말버릇처럼 걱정만 하고 좀처럼 실행에 옮기지 않는다. 말로 걱정을 늘어놓으면 실행하지 않는 자신에 대한 죄책감이 덜어지고 마음이 편안해지는지도 모르겠다. 그런 무의미한 위안에 의존하는 것이 얼마나 어리석은 일인지 모르면서 말이다.

그런 사람이 하는 일이 잘될 리 만무하다. 그런 사람은 일이 잘 안 되는 것이 자신이 현실을 충실하게 운영하지 않은 탓임을 모르고 미래에 대한 걱정과 현실에 대한 미덥지 못함으로 또다시 하루를 산다. 현재도 불행하고, 미래에도 발전이 없다.

현실 충실성은 가장 건전한 욜로

지금은 다소 사그라들었지만 국내에 '욜로^{YOLO: You Only Live Once}' 열풍이 뜨겁게 분 적이 있다. 욜로란 한 번뿐인 인생, 후회 없이 이 순간을 즐기라는 의미를 담고 있다. 이런 말은 언어만 달라졌을 뿐 과거부터 지금까지 늘 우리 곁에서 우리를 유혹한다. 과거 '힐링'이라는 말이 그랬고, 최근에는 플렉스^{FLEX*}라는 말이 그렇다.

원래는 참 좋은 뜻이었다. 문제는 사람들이 이 말들을 곡해해서 적용한다는 것이다. 한 번만 사는 인생이니 방탕하게 살아도 된다는 뜻으로 해석하는 사람들이 생기기 시작했다. 그들은 순간의 행복을 위해 타인에게 피해를 주는 행위를 합리화하는 수단으로 그런 말들을 이용하기도 했다. 자신의 소득 수준을 한참 넘어서는 무리한 소비가 욜로를 올바로 적용한 것은 아니다. 현재를 소중히 여긴다는 것이 무분별한 소비나 방탕한 행동을 정당화할 수 없다.

---

* FLEX: 값비싼 물건을 충동구매했을 때 사용한다. "나 오늘 플렉스해버렸지 뭐야."라는 식으로 활용한다. 처음에는 주로 래퍼들 사이에서 통용되었지만, 이제는 누구나 이 말을 쓴다.

우리는 언제 갑자기 세상에서 사라질지 모르는 존재이면서동시에 현재를 쌓고 미래를 준비하며 살아야 하는 존재이다. 내게 당장 내일이 있을지 없을지는 알 수 없지만, 그렇다고 내일 이후 그다음 날이 절대 없을 것이라고 누가 장담할 수 있는가?

그런 점에서 현실 충실성은 가장 건전한 욜로라고 할 수 있다. 현실 충실성은 현재를 소중히 여긴다는 평계로 무분별한 소비나 방탕한 행동을 하는 것이 아닌, 지금 이 순간을 최대한 즐기고 기쁘게 사는 것이기 때문이다. 현실에 충실한 사람은 일을 할 때도, 휴가를 즐길 때도, 식단을 조절할 때도, 운동을 할 때도, 즐거운 식사 시간에도 모두 즐겁다. 매 순간을 최대한 충실하게 보내기 때문이다.

오직 한 번만 사는 인생이기에, 그리고 그 삶이 어느 단계에서 마무리될지 아무도 모르기에 미래에 너무 매몰되어서도 안 되고, 현재에 모든 것을 불살라서도 안 된다. 현실 충실성이 높은 삶을 유지하는 것! 단 한 번뿐인 삶을 가장 기쁘고 즐겁게 충실히 영위하는 방법은 그것이 아닐까 싶다.

제9장 ⎸ 당신의 유형은?

체크 표시(✔) 하시오.

Fatal Failure ☐   Super Success ☐

현재에 집중하지 못한다.   **현재에 충실하게 행동한다.**

피할 수 없는 현실에 집중하지 못하고 미래에 대한 걱정과 과거에 대한 후회가 머릿속을 떠나질 않는다. 현재도 행복하지 않고 미래도 제대로 꾸려가지 못해 늘 행복하지 못한 상태가 계속된다.

현재 어떤 상황이든 지금 이 순간을 기쁘게 생각하고 현재에 충실하게 행동한다. 현재 하는 일에 늘 충실한 가운데 미래에 대한 준비도 착착 해나간다. 현재에 대한 만족도가 높고, 미래에 대한 긍정적인 기대치도 높다.

당신의 슈퍼 성공을 위한 아이템!
Action Items for Super Success

Q 당신은 현재에 충실한 사람인가? 냉철히 생각해보고 당신이 생각하는 모습을 적어보라.

A

Q 당신은 지금 목표에서 멀어지는 행동을 하고 있는가? 그렇다면 어떤 점이 그런지 써보자.

A

Q 미래에 대한 걱정과 고민이 많은가? 구체적으로 무엇이 걱정되고 고민되는지 적어보라.

A

Q 당신의 미래를 개선할 수 있는 활동은 무엇인지 생각해보고 적어보라.

A

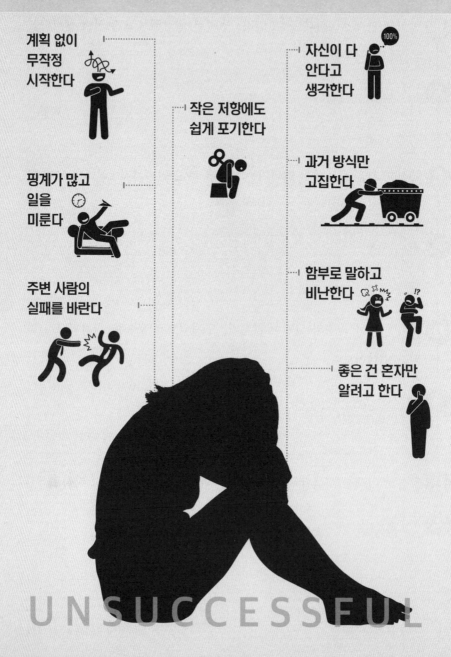

계획 없이
무작정
시작한다

작은 저항에도
쉽게 포기한다

자신이 다
안다고
생각한다

핑계가 많고
일을
미룬다

과거 방식만
고집한다

주변 사람의
실패를 바란다

함부로 말하고
비난한다

좋은 건 혼자만
알려고 한다

UNSUCCESSFUL

2부에서는 직장에서 일하는 모습을 가지고 성공하는 사람과 실패하는 사람의 차이를 이야기하고자 한다. 일을 시작할 때, 진행할 때 성공하는 사람과 실패하는 사람은 전혀 다른 모습을 보인다. 여러분은 일할 때 어떤 모습인지 돌아보고 혹시 실패하는 사람의 모습을 하고 있다면 성공하는 사람의 모습으로 바꾸기를 바란다. 재미있게 읽으면서 따라오면 좋겠다.

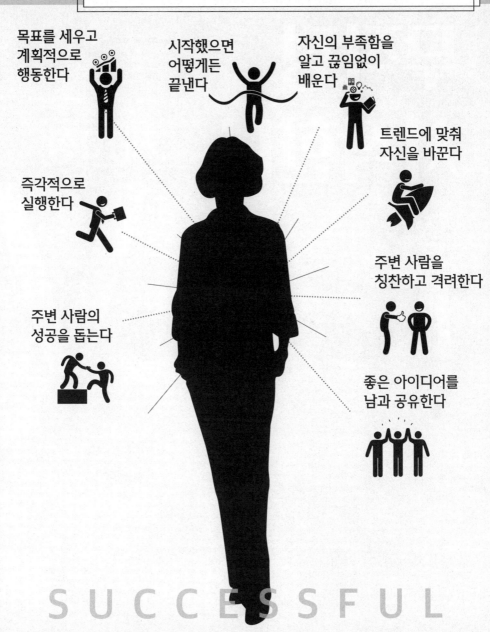

목표를 세우고
계획적으로
행동한다

시작했으면
어떻게든
끝낸다

자신의 부족함을
알고 끊임없이
배운다

트렌드에 맞춰
자신을 바꾼다

즉각적으로
실행한다

주변 사람을
칭찬하고 격려한다

주변 사람의
성공을 돕는다

좋은 아이디어를
남과 공유한다

SUCCESSFUL

계획 없이 무작정 시작한다

제10장

V

S

목표를 세우고
계획적으로
행동한다

66 이거 '척' 하면 '딱'이지! 99

66 이렇게 하면 다 되는데 뭘 그리 복잡하게 생각해? 99

어떤 일을 시작할 때 너무 만만하게 보는 사람들이 있다. 물론, 아무런 시도도 하지 않고 생각으로 그치거나 말만 하다가 아무것도 하지 않는 것보다야 훨씬 나은 태도이지만, 세상만사가 그리 쉽다면 왜 치열한 고민과 끊임없는 시도를 하겠는가?

실패하는 사람들은 어떤 일을 착수하기 전에 너무 쉽게 생각하고 무모하게 덤벼드는 경향이 있다. 일을 만만하게 보고 시작했다가 장애물이라도 만나면 순식간에 와르르 무너진다. 예상 시간보다 너무 오래 걸려 중도에 포기해버리는 경우도 많고, 포기하지 않더라도 요행을 바라며 대책 없이 밀어붙이기도 한다.

무모한 도전을 멈추고 생각하고 준비하라

다이어트가 그 대표적인 경우다. 다이어트를 시작할 때는 누구나 호기롭다. "내가 운동을 안 해서 그렇지, 하기만 하면 10kg 빼는 건 일도 아니야!"라고 말하는데, 실제로 10kg 감량을 목표로 꾸준히 운동하고 다이어트하는 사람은 흔치 않다. 호언장담하며 헬스장에 다니지만, 일주일이 지나도 가시적인 성과는 없다. 일주일쯤 운동하면 보디빌더처럼 근육이 툭툭 튀어나올 것이라고 생각하는데, 겨우 일주일 만에 그럴 리가 있나?

체중은 줄어들지 않고, 생각했던 것보다 식단 조절도 잘 안 된다. 게다가 운동이 너무 힘들어서 매일 헥헥거린다. 운동한 다음 날 아침 일어나면 온몸이 쑤시고 아프다. 그러니 헬스장에 열심히 가는 것도 작심삼일…. 점점 헬스장에 빠지는 날이 많아진다. 다이어트를 시작하기만 하면 10kg 빼는 건 우습다는 말을 한 사람은 어디 가고, 이제 포기한 사람만 있을 뿐이다.

이런 사람은 주변의 유혹에 잘 넘어가는 경향이 있어서 불필요한 소비를 종종 한다. 각종 다이어트 보조제 판매자들, 쓰지도 않을 다양한 운동 기구 판매자들은 이런 의지박약자들을 먹잇감으로 노린다. 그 제품만 먹어서 정말 쉽게 살이 빠진다면, 전 인류의 절반에 가까운 인구가 체중 조절로 고민하는 일은 이미 사라졌을 것이다.

다이어트 보조제는 다이어트에 아주 약간의 도움은 줄 수 있을지 몰라도, 근본적인 해결책은 될 수 없다. 꾸준한 운동과 적절한 식이요법 없이 아무리 다이어트 보조제를 열심히 먹는다 한들 별 효과가 없다. 그런 사람들은 언제 다이어트를 시작했냐는 듯 슬그머니 다이어트 이야기를 내려놓고 포기하고 산다. 헬스장 등록과 다이어트 보조제로 헛된 돈만 날렸다.

10kg을 순수하게 운동으로만 감량하려면 운동을 어느 정도 해야 하는지 생각해보았는가? 운동의 종류와 강도에 따라 차이는 있겠지만, 지방 10kg을 감량하는 데 필요한 칼로리 소비량은 90,000㎉이다. 보통 걷기 운동 1시간에 300㎉가 소모되므로 300시간 이상 걷기 운동을 해야 10kg이 빠진다. 매일 한 시간씩 100일을 걸어야 한다는 의미다. 여기에 음식 섭취량이 본인의 기초 대사량을 넘어간다면 그 이상의 운동량이 필요하다. 이런 생각도 없이 그냥 운동에 뛰어들어 한두 번 땀 흘리면 근사한 몸매가 될 것이라고 착각하는 사람들에게 성공의 열매가 주어질 리 없다.

성공하는 사람들은 어떤 일을 시작하기 전에 그 분야를 미리 분석하고 준비한다. 이는 비단 다이어트에만 해당하는 이야기가 아니다. 직장의 일도 사업도 다 마찬가지다.

직관 기반 행동이 위험한 이유

때로는 '감'이 정확한 분석과 합리적인 가능성을 뛰어넘어 좋은 성과를 내는 경우가 있다. 그러나 그런 경우는 아주 '가끔' 있는 일일 뿐이다. 주사위를 여러 번 던져서 계속해서 같은 숫자가 나오는 일이 불가능에 가깝듯, 분석과 고민 없이 감에 의존하는 것은 불가능에 도전하는 일이나 다름없다. 어쩌다 한 번 성공할 가능성은 있지만, 지속적인 성공을 내기는 매우 어려운 일이다.

성공은 여러 결과물이 축적되어 나타나는 현상이다. '어쩌다 한 번' 감이 들어맞을 수는 있어도 계속해서 맞을 수는 없는 이유이다. 반드시 이겨야만 하는 전쟁터에서 이런 방식을 택할 수는 없다.

세계적인 컨설팅 회사들은 문제를 해결하려고 가설 기반 접근법^{Hypothesis-driven approach}을 사용하며, 경험 기반 접근법^{Insight-driven approach}을 최대한 배제한다. 경험 기반 접근이란 그 내용을 잘 알고 있는 전문가의 경험에 의존해 판단하고 일을 진행해나가는 방식을 말한다. 전문가의 의견을 듣더라도 가설 기반으로 문제를 분석한 뒤 빠진 게 없는지 간단하게 확인받는 정도로만 활용한다. 경험 기반 접근은 문제를 꼼꼼히 들여다볼 시간이 없거나, 빠른 시간 안에 문제를 해결하는 것이 훨씬 더 중요할 때만 간헐적으로 사용한다.

경험 기반 접근법이 가설 기반 접근법보다 훨씬 더 빠른 일 처리 속도를 보장하는데도 왜 가설 기반 접근법을 사용하는 걸까? '빈틈을 만들지 않기 위해서'다. **경험은 과거의 산물이므로, 현재 존재하는 문제에 관해 모든 면을 보여주지 않을 가능성을 내포한다.**

대부분은 전문가의 경험이 맞을 가능성이 높지만 혹시나 놓치는 문제가 발생한다면, 그때 일을 되돌리기에는 시간 여유가 없을 수 있고, 시간이 있다 하더라도 이미 진행한 일을 되돌리다가 여러 문제가 발생할 수도 있다. 그래서 처음부터 돌다리도 두들겨 가며 건너는 방식인 가설 기반 접근을 선호하는 것이다. 초반부터 놓치는 것 없이 문제에 접근하겠다는 의지의 표현으로 볼 수 있다.

이처럼 몇 년 이상 전문적인 경험이 있는 사람의 '직관'도 경계하는 마당에 그 일을 잘 모르는 사람이 감으로 하는 일이 성공할 확률은 얼마나 될까? 비전문가의 직관은 돌 수백 개 중 하나를 집어 든 채 "이 돌이 다이아몬드다!"라고 외치는 꼴과 같다. 다이아몬드 원석이 어떤 형태인지 짐작도 못 하는 사람이 아무 돌이나 들고 다이아몬드라고 말한다면, 누가 그 말을 믿겠는가? 감에만 의존한 판단이 실패할 가능성이 높고, 우연히 한 번 성공했다고 하더라도 연속적인 성공은 불가능한 이유가 여기에 있다.

조급한 마음은 요행의 늪에 빠뜨린다

자신의 감대로 자신 있게 밀어붙이던 사람이 일이 뜻대로 되지 않으면 흔히 하는 게 요행을 찾아 나서는 일이다. 다시 다이어트를 예로 들면, 다이어트 보조제가 대표적인 요행이다. 겨우 몇만 원짜리 알약으로 다이어트가 해결된다면 체중 문제로 고통받는 사람은 진작 사라졌을 것이다.

일에서도 마찬가지다. 자신이 생각했던 것보다 일이 더디게 진행되거나, 아예 진행되지 않거나, 혹은 원하는 수준으로 일의 결과가 나오지 않을 때 다급해진 마음에 요행을 찾아 나선다. 문제는 이런 요행이 제대로 성과를 내는 일은 드물다는 사실이다.

누군가는 요행을 내세우면서 사람의 다급한 마음을 이용해 효과를 과장하고 거짓을 남발해 오히려 일을 방해한다. 요행을 바라다 일이 제대로 되기는커녕 엉망이 되고 시간과 금전적인 손해를 보는 경우가 허다하다.

급진적인 변화는 반드시 부작용을 동반한다. 몸과 관련된 일이라면 건강에 무리가 오고, 공부와 관련된 일이라면 실력 쌓는 것에서는 멀어지고 요행만 늘게 된다. 그리되면 순간 점수가 오를 수는 있으나 실력 향상과는 거리가 멀어 장기적으로는 오히려 손해를 본다. 아까운 시간을 단편적인 곳에만 쓰기에 그렇다.

답 찍는 요령으로 영어 점수를 올렸다면 자격 요건이라는 관문은 통과할 수 있다. 그러나 그 이후 어쩔 셈인가? 외국 클라이언트와 소통하며 회사의 중대한 일을 해결해야 한다면? 외국 클라이언트와 의사소통은커녕, 마주했을 때 말 한마디 건네는 일도 쉽지 않을 영어 실력으로 회사 생활을 어떻게 헤쳐나갈 셈인가?

이런 사람이 실제로 많다. 영어 필기시험에서 고득점을 했지만 외국인 앞에서 말 한마디 못하는 사람이 얼마나 많은지 모른다. 요행의 늪에 빠진 결과가 그렇다. 그저 단편적인 면피에만 급급하다 보니 실질적으로 실력은 향상되지 못한 것이다. 당장은 시간을 아낀 것 같지만, 장기적으로는 시간을 버린 셈이다.

To-do list를 만드는 성공하는 사람

성공하는 사람들은 장기와 단기적 관점에서 To-do list를 만들어 관리한다. 앞서 To-be list를 이야기할 때도 To-do list가 등장했는데, To-do list는 내가 해야 하는 일을 파악하고 계획하는 데 도움을 준다. To-do list는 큰 목표와 작은 목표로 크게 구분되고, 여러 가지 작은 목표를 완결함으로써 큰 목표를 완결하게 된다.

당신이 되고 싶은 모습이 있다면 그것을 기반으로 To-do list를 만들라. 그 리스트를 당신의 목표 달성에 도움을 주는 세부 항목으로 구분하고, 필요하다면 세부 목표로 쪼개 관리하라.

이는 성공의 속성과도 연관되어 있다. 내 생각과 계획을 방해하는 요소들만 제거하면 손쉽게 성공이 다가올 것이라고 생각하지만, 실제로 일하다 보면 예상치 못한 다양한 상황이 발생한다. 아무리 치밀하게 준

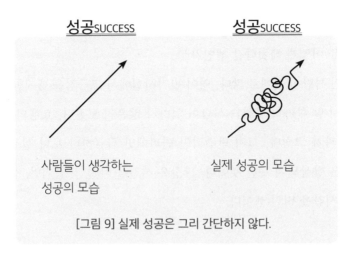

[그림 9] 실제 성공은 그리 간단하지 않다.

비해도 예상치 못한 상황들이 발생해서 어려움을 겪는데, 기본적인 준비조차 하지 않은 채 감으로 일을 시작한다면 결코 성공에 다가설 수 없을 것이다.

목표를 세분화하고 세부 목표에 따라 해야 할 일을 설정하는 작업은 그래서 필수적이다. [그림 9]에서 성공을 향한 길은 왼쪽 그림처럼 직선이라고 생각하기 쉽지만, 실제로는 오른쪽 그림처럼 구불구불하게 꼬여 있어서 예상치 못한 많은 난관이 존재한다. 그렇더라도 저 구부러진 선들을 아주 잘게 쪼개면 모든 선은 직선임을 기억하고, 선 하나하나를 해결해나가면서 성공에 도달하길 바란다.

Check-in & Check-out 방법

"오늘 뭘 해야 하지?"라는 질문으로 시간을 보내는 사람들이 생각보다 많다. 그런 시간이 모이고 쌓이면 낭비가 된다. 오늘 내가 무슨 일을 해야 하는지 명확히 알아야 낭비하는 시간 없이 일에 몰입할 수 있고, 저녁에는 다 끝냈다는 개운한 마음으로 귀가할 수 있다.

To-do list는 바로 그것을 돕는 수단이다. 그날 할 일을 To-do list에 적고 중요도를 표시해 리스트를 완성했다면 하루 계획을 충분히 훌륭하게 하고 있다고 봐도 무방하다.

여기에서는 To-do list에서 한 단계 더 나아간 방법을 공유하고자 한다. 바로 '체크인 & 체크아웃Check-in / Check-out' 계획법이다.

체크인, 체크아웃이라 하면 많은 사람이 호텔이나 공항을 떠올릴 것이다. 실제로 체크인, 체크아웃 계획법은 호텔이나 공항에서 하는 일과 비슷하다. 말 그대로 일을 '시작하고' '결과를 내 끝내는' 활동을 말한다. 일을 완결하기 위한 체크인, 체크아웃은 To-do list와 매우 비슷하면서도 작은 차이로 더 강력한 효과를 지니게 된다.

다음을 보면서 체크인&체크아웃 계획법을 어떻게 작성하는지 알아보자.

① 할 일 목록 앞에 사각형 칸을 만든다.

To-do list를 작성할 때, 할 일 앞에 점(•)을 찍거나 줄표(-)를 하는 경우가 많다. 체크인&체크아웃 작성 시에는 할 일 앞에 사각형이나 동그라미 등 빈칸이 있는 도형을 삽입한다. 이유는 간단하다. 일이 완료되면 다 했다고 '체크check'하기 위해서다.

체크인&아웃 사례 1 >>>>>

7/3 체크인

□ 전사 전략회의 Time line(Dead line/Task/Owner) 작성 후 팀 내 공유

□ XX 산업 성장 전망(2020~2025) 리포트 작성 후 1차 리뷰, 업데이트 버전
　작성 후 팀 내 공유

□ XX 기업 M&A 가능 여부 파악을 위한 기초 재무제표 파악 및 요약 리포
　트 작성

[사례 1]처럼 체크인&아웃 작성 시 할 일 앞에 사각형을 그려준다. 일을 끝낸 뒤 사각형에 체크해두면 완결한 일과 완결하지 못한 일이 뚜렷이 구분된다.

② '할 일'이 아닌, 도출된 '결과물'을 적는다.

이 부분은 To-do list와 체크인&아웃 방법의 가장 큰 차별점이다. To-do list에는 "오늘 무엇을 할지"를 적는다. 그 경우, '무언가를 했다'는 이유만으로 결과물이 발생하지 않았는데도 오늘 '무언가를 완결했다'고 착각하는 함정에 빠지기 쉽다. 일의 완결은 언제나 결과물을 동반해야 한다. 매일매일 성과를 내는 사람과 그렇지 않은 사람의 하루하루가 쌓인다면 그 차이는 엄청나게 벌어질 것이다.

[체크인&아웃 사례 1]에서 작성한 내용을 다시 보자. 이번에는 형광펜으로 칠해진 곳에 주목하자.

체크인&아웃 사례 2 >>>>>

7/3 체크인

☐ 전사 전략회의 Time line(Dead line/Task/Owner) 작성 후 팀 내 공유

☐ XX 산업 성장 전망(2020~2025) 리포트 작성 후 1차 리뷰, 업데이트 버전 작성 후 팀 내 공유

☐ XX 기업 M&A 가능 여부 파악을 위한 기초 재무제표 파악 및 요약 리포트 작성

[체크인&아웃 사례 2]에서 하이라이트된 부분은 그날의 결과물$^{Deliver-able/Output}$이다. 그날 다음 세 가지 리포트가 나와야 그날의 일을 완결했다고 할 수 있다.

- 전사 전략회의 계획$^{Time\ line}$
- XX 산업 성장 전망 리포트
- XX 기업 기초 재무제표 요약 리포트

이 세 가지 결과물^{output}을 내려면 해야 하는 부수적인 활동은 적지 않다. 예를 들면 **자료를 찾고, 읽고, 숙지하고, 공부하는 일은 체크인/체크아웃에 적지 않는다. 이 점이 할 일(To-do)리스트와 체크인/체크아웃의 가장 큰 차이점**이다.

결과물이 나와야 체크 박스에 완결했다고 체크할 수 있다. 이런 장치로 어떤 일을 하다가 미완결 상태에서 다른 일로 넘어가는 일을 방지할 수 있다. To-do에서 자료를 읽은 행위가 있다면 무언가를 하긴 한 것이지만, 체크인/체크아웃에서는 아무것도 하지 않은 것이다. **단순히 뭐라도 했다는 만족감으로는 일을 완결할 수 없다. 일을 했다면 '결과물'이 나와야 한다.**

③ 하루를 지나 연속으로 해야 하는 일은 점선으로 표기한다.

모든 일을 시작해서 하루 만에 끝낼 수 있다면 참 좋겠지만 그렇지 않은 경우가 많다. 이 경우 일과를 마치고 체크아웃을 할 때, 체크 박스에 체크 표시를 점선으로 해주어 완결한 일과 구분한다. 다음 날 아침 체크인 때, 어제 다 하지 못한 일을 이어서 하면 된다. 만약 아침에 목표했던 일 중 손대지 못한 일이 존재한다면 체크 박스는 그대로 비워둔다. 당연히 그런 일은 내일 해야 하는 일이 된다.

- 완결한 일: 실선 체크
- 하다가 다 못한 일: 점선 체크
- 시작 못 한 일: 빈칸

체크인&아웃 사례 3 >>>>>

7/3 체크인

☑ 전사 전략회의 Time line(Dead line/Task/Owner) 작성 후 팀 내 공유

☑ XX 산업 성장 전망(2020~2025) 리포트 작성 후 1차 리뷰, 업데이트 버전 작성 후 팀 내 공유

☑ XX 기업 M&A 가능 여부 파악을 위한 기초 재무제표 파악 및 요약 리포트 작성

→내일 이어서 작업

④ 오늘 끝내야 하는 일부터 적는다.

체크인, 체크아웃 리스트를 작성할 때는 오늘 반드시 끝내야 하는 일부터 차례로 작성한다. 그날 꼭 할 필요가 없는 일은 따로 구분한다. 어

떤 일을 먼저 끝내야 할지 감이 잡히지 않는다면, 일단 할 일을 적어두고 체크 박스 앞에 숫자를 적어 우선순위를 표시한다.

체크인&아웃 사례 4 >>>>>

7/3 체크인

☑ 전사 전략회의 Time line(Dead line/Task/Owner) 작성 후 팀 내 공유

☑ XX 산업 성장 전망(2020~2025) 리포트 작성 후 1차 리뷰, 업데이트 버전 작성 후 팀 내 공유

☑ XX 기업 M&A 가능 여부 파악을 위한 기초 재무제표 파악 및 요약 리포트 작성

→ 내일 이어서 작업

- -

☐ △△산업 관련 용어집 정리(엑셀 파일로)

(기한: 7/15)

　

일 중에는 기한을 정해서 끝내야 하는 것도 있지만, 장기적으로 진행해야 좋은 것도 있다. 개인적으로 알아두면 좋겠다는 생각에 진행하는 작업도 있다. 이런 작업을 비非우선순위 업무deprioritized-work라고 이야기하는데, 이는 그날 끝내야 하는 일과는 별도로 구분해 기록한다.

[사례 4]에서 노란색 점선 아래에 있는 일이 비우선순위 업무다. 중요도가 높은 일과 달리 비우선순위 업무에서는 일의 기한due date이 적힌 것

을 볼 수 있다. 여기서 짐작할 수 있는 한 가지 사실이 있다. 다음 ⑤번에서 그것을 살펴보자.

⑤ 체크인, 체크아웃에는 '당일 끝낼 업무'를 적는다.

체크인, 체크아웃에는 당일 끝내야 하는 업무를 적는 게 원칙이지만, 기록해두지 않으면 잊어버릴 위험이 있는 장기적 업무, 반복적 업무도 적을 수 있다. 이런 업무는 비우선순위 업무로 구분하되 완료 시한을 적어둔다. **만약 진척도를 표시할 수 있는 종류의 일이라면, 진척도도 함께 표시해주면 더 좋다.**

지금껏 출근해서 막연히 업무를 시작했던 사람, 등교해서 어떤 과목을 먼저 공부해야 할지 몰랐던 사람이라면 체크인, 체크아웃을 활용해보라. 좀 더 체계적으로 업무와 공부를 할 수 있다. 꾸준히 To-do list를 적어왔던 사람도 체크인, 체크아웃을 사용하면 좀 더 꼼꼼하게 시간을 관리하게 되고 일을 완결할 수 있게 된다.

실제로 컨설턴트들은 하루 일과를 시작하고 마칠 때 이 방법을 사용한다. 지금껏 To-do로 일정 관리를 해왔다면 이제부터 한 단계 발전된 방법을 활용해보자.

제10장 , 당신의 유형은?

체크 표시(✔) 하시오.

Fatal Failure ☐   Super Success ☐

계획 없이 무작정, 충동적으로 행동한다.	목표를 정하고 계획적으로 행동한다.

전문성을 갖추지 못한 상태로 일을 시작한다. 별도의 계획이나 분석 없이 직관대로 일을 진행한다. 일이 뜻대로 되지 않으면 요행을 바란다. 전문성 부족과 요행을 바라는 경향 때문에 실패를 거듭하게 된다.

전문성을 충분히 쌓은 데다 일을 시작하기 전에 목표를 정한다. 모든 행동을 계획적으로 한다. 자신의 목표를 세분화한 To-do list와 매일의 진석 상황을 관리하는 체크인&체크아웃을 활용한다. 자신이 이루고자 하는 목표를 기어코 달성한다.

당신의 슈퍼 성공을 위한 아이템!
Action Items for Super Success

Q 당신이 지금 목표로 삼고 있는 일이 있는가? 있다면 한번 적어보라.

A

Q 그 목표를 달성하려면 해야 할 일들은 무엇인가? 세부 목표들을 적어보라.

A

Q 그 세부 목표들을 이루려면 매일 어떤 일을 해야 하는가? 일 단위로 나누어서 To-do list를 적어보라.

A

Q 일 단위로 해야 할 일들에 대해 체크인&체크아웃을 작성해보라.

A

핑계 대며
할 일을
미룬다

제11장

V

S

즉각적으로
일을 실행한다

> **오늘까지는 놀고!**
> **내일부터 진짜 할 거야.**

> **다이어트는 내일부터!**
> **오늘 마지막으로 실컷**
> **먹을래!**

살면서 이런 말을 안 해본 사람이 있을까? 그러나 그런 말을 지속적으로 하는 사람과 그렇지 않은 사람은 결국 큰 차이가 벌어질 수밖에 없다. 당연하다. 할 일을 늘 내일로 미루는 사람은 내일이 되어도 또다시 내일을 외칠 것이기 때문이다.

반면 '오늘' '지금' '당장'이라고 외치는 사람들은 일을 시작하는 빈도가 미루는 사람보다 훨씬 높다. 물론 일을 시작했다고 해서 성과가 보장되는 것은 아니다. 성공과 실패는 일을 완결한 뒤에야 논할 수 있는 문제다. 다만, 분명한 사실은 뭔가 시도조차 하지 않는 사람보다 시도하는 사람이 좀 더 나은 결과를 볼 가능성이 높다는 점이다.

핑계 없는 무덤 없다

일을 미루는 데는 다양한 핑계가 동원된다. 특징은 '갑자기' '순간적으로' 특수한 일이 일어난다는 것이다. 멀쩡하던 몸이 '갑자기' 아프고, '느닷없이' 다급한 문제가 터진다. 비가 와서, 눈이 와서, 햇살이 너무 좋아서, 어제 과음을 해서, 아직 준비가 덜 돼서 등등 일을 미룰 핑계는 무수히 많다.

한번 자기 가슴에 손을 얹고 생각해보자. 같은 일에 대해서 날이 너무 좋아서 시작하기 어렵다면, 어떻게 날이 나쁜데도 시작하기 어렵다고 말하는가? 앞뒤가 맞지 않는 얘기라고 생각하지 않는가? 그냥 그 일을 시작하기가 싫은 것이고 그럴듯한 명분을 찾고 있을 뿐이다. 그럴듯한 명분이라고 생각하지만 하나도 그럴듯하지 않다는 건 함정이다.

일을 시작하는 데 날씨가 무슨 상관인가? 핑계가 아니라 날씨가 정말 중요한 문제라면, 거꾸로 그 일은 할 가치도 없는 것이다. 굳이 가치 없는 일을 하면서 내 시간을 헛되게 보낼 필요는 없다.

가족 관련 일과 치명적인 건강 문제가 아닌 이상 오늘 할 일을 내일로 미루어야 할 이유는 없다. 일을 미루는 이유는 그 일이 중요하지 않아서, 혹은 중요한 일인데도 스스로 중요성을 자각하지 못해서다. 만약 중요한 일이 아니라면 할 필요가 없고 안 해도 크게 상관이 없겠지만, 만약 중요한 일인데도 계속 미룬다면 어떻게 될까? 그 인생은 서서히 실패로 기울게 될 것이다.

다른 사람과 엮인 일을 계속 미룬다면, 당신은 정해진 시간 내에 일을 처리하지 못해 신뢰를 잃을 것이고, 앞으로도 기회는 주어지지 않을 것이다. 혼자 하는 일을 마냥 미루고 있다면, 당신의 능력은 서서히 퇴보하거나 정체되어 결국 경쟁력을 잃을 것이다. 어떤 경우든 당신의 인생은 실패로 점철될 것이다.

일은 관성이다

과학 시간에 배운 관성의 법칙을 한번 떠올려보자. 관성의 법칙이란 요컨대, 정지한 상태의 물체는 계속 정지하려 하고, 움직이는 물체는 계속 움직이려 한다는 운동 법칙을 말한다. 이 법칙은 물체뿐만 아니라 우리가 일을 할 때도 동일하게 작용하는 것 같다.

안 하던 일을 시작하려고 할 때 가장 큰 저항이 발생한다. 그 저항을 뚫고 계속해서 그 일을 진행하면 점차 익숙해지면서 속도가 붙어 빨라진다. 일이 잘돼 나간다면 자신감이 생기면서 일은 점점 성공을 향해 순항하게 된다.

일을 미루면 어떻게 될까? 시작 자체를 하지 않았기 때문에 가장 일하기 힘든 상황에 놓이게 된다. 시작하고 일이 안정적으로 진행될 때까지는 지속적인 추진력이 필요한데, 일을 미루면 시작 단계부터 좌절되는 것이다. 물론, 즉각적인 실행이 일의 완결이나 성공을 보장하는 것은 아니다. 그러나 시작하는 사람만이 꾸준히 하느냐 마느냐의 단계로 넘어갈 수 있다. 일을 미루는 사람은 이 단계에 진입조차 하지 못한다. 시작도 하지 않았는데 성공할 리 없지 않은가?

막상 시작하면 별일 아닌 일도 많다

일하기 싫어서 핑계 대는 사람도 있지만, 과연 내가 해낼 수 있을까 하는 두려움이 앞서서, 엄두가 안 나서 시작 못 하는 사람도 있다. 그런 이들에겐 질책보다는 할 수 있다는 자신감과 용기가 필요하다.

명실상부한 세계 피겨계의 여왕, 퀸Queen 김연아 선수는 도전과 일에 관해 다양한 명언을 남겼다. 그중 다음 말을 들어보자.

"처음부터 겁먹지 말자. 막상 가면 아무것도 아닌 게 세상에는 참으로 많다. 첫걸음을 떼기 전에 앞으로 나아갈 수 없고, 뛰기 전에 이길 수 없다."

돌아보면 우리의 일상에서 두려움 때문에 시작할 엄두도 못 낸 채 놓치는 일들이 참 많다. 그런데 어떤 일은 막상 부딪쳐보면 생각보다 그리 어렵지 않게 해낼 수 있다. 시작도 해보지 않고 어려울 것이라고 생각해서 흘려보냈던 일 중에는 예상보다 쉽게 해낼 수 있는 것들이 많다.

이런 시도가 중요한 이유는 두 가지다. 일단, 일이 어려운지 쉬운지에 대한 감을 익힐 수 있다. 경험과 경력은 그래서 중요하다. 일 경험이 많이 축적될수록 정말 어려운 일인지, 아닌지 볼 수 있는 안목이 길러진다. 지레짐작하고 포기해버리는 경우가 줄어든다는 말이다.

두 번째 이유는 빠르게 일을 착수한 덕분에 시간을 벌게 된다는 것이다. 그럼 진짜 어려운 다른 일에 더 많은 시간을 쏟을 수 있고, 난도 높은 일의 성공 가능성은 그만큼 커진다. 난도 높은 일에 시간을 더 많이 쏟게 되니, 전반적으로 성공하는 비율은 늘어나게 된다. 수능 시험에서 비교적 쉬운 문제를 빠르게 풀어내고 어려운 문제에 집중해서 좋은 점수를 내는 이치와 비슷하다.

기억하자. 내가 마주하는 모든 일이 끝판 괴물처럼 어려운 것만은 아니다. 그중에는 쉬운 일이 있다. 쉬운 일을 재빠르게 처리하면서 노력과 시간을 관리하는 것도 일을 잘하고 성공하는 습관 중 하나다.

일의 중요도 선정하기

해야 하는 일 모두가 비슷한 수준으로 중요한 경우도 간혹 있지만, 대부분은 가장 중요한 일이 있다. 비교적 더 중요한 일과 덜 중요한 일을 구분하는 작업을 중요도 선정 작업이라고 한다. 중요도 선정은 가장 중요한 일을 잊지 않고 완결할 수 있게 해준다는 점에서 꼭 필요한 작업이다.

'이 일이 가장 중요하다'는 사실을 인지하고 있는 경우와 그렇지 않은 경우는 결과가 매우 다르다. 가장 중요한 일이 무엇인지 인지하고 있다면, 다양한 간섭이 들어와도 그 일을 완결할 가능성이 높기 때문이다.

그렇다면 일의 중요도는 어떻게 선정할까? **중요한 일은 시급성, 피해 정도, 이익 정도의 3가지 요소에 따라 결정한다.**

- 시급성: 급히 처리해야 하는 정도

- 피해 정도: 처리되지 않았을 때 받을 피해^{damage}
- 이익 정도: 완결했을 때 얻게 될 이익

시급성이 높고, 잠재적 피해가 크며, 달성 시 얻을 이익이 많을수록 중요한 일이다. 이해하기 쉽도록 [표 1]에서 이를 도식화해보았다.

[표 1] 중요도 선정을 위한 표

	가중치					A	B	C	D	E
	높음	중간	낮음		시급성	높음	중간	높음	낮음	낮음
시급성	3	2	1		피해 정도	낮음	중간	높음	중간	낮음
피해 정도	5	3	1		이익 정도	중간	높음	중간	중간	낮음
이익 정도	5	4	3		총점	8	9	12	8	5

[표 1]에서 A B C D E 각각의 일이 지닌 시급성, 피해 정도, 이익 정도를 따진 뒤 각 항목에 가중치를 부여해 이를 점수로 환산했다. 점수가 가장 높은 C가 가장 먼저 완결해야 할 가장 중요한 일임을 알 수 있다. 이런 방식으로 우선순위를 세우고 어떤 일을 먼저 완결해야 하는지 확인해보라.

중요도 선정 표를 작성함으로써 얻는 이점은 두 가지다. 첫째, 가장 중요한 일을 파악할 수 있다. 둘째, 쉬운 일부터 처리하려는 관성을 막아준다. [표 1]에서 E는 급하지 않고 피해 정도와 이익 정도도 낮은 일이다.

해도 그만, 안 해도 그만인 일이라고 봐도 무방한데, 실제로는 E를 제일 먼저 하는 사람들이 많다. 쉽기 때문이다. 피해 정도가 낮고 이익 정도도 낮은 일은 대체로 난이도도 낮다.

중요도 선정 작업은 쉬운 일을 먼저 하려는 관성을 막아주는 것은 이점이지만, 경우에 따라서 쉬운 일을 빠르게 처리하고 어려운 일에 집중하는 것도 좋은 방법이라는 사실을 알아두자.

중요도 선정에서 항목별 가중치는 자유롭게 설정하면 된다. 일반적으로 3/2/1점, 5/3/1점으로 설정한다. 특수한 항목이 있는 경우, 예를 들어 이 건을 처리하지 않으면 회사가 부도날 위험이 급증하는 등 심각한 사안이라면 가중치를 다른 항목보다 크게 높여서 10/5/0으로 표시할 수도 있다. 그게 아니라 일상적인 일이라면 5/3/1 정도로 가중치를 정하면 무난하다.

중요한 일은 반드시 완결하라

짧은 시간 투자로 완결할 수 있는 종류의 일도 있다. 해야 하는 일의 가짓수를 줄이는 측면에서 그런 일을 먼저 완결하는 방법도 좋다. 그러나 많은 일을 처리하고 완결하는 것보다 중요한 일을 반드시 완결해야 한다는 사실을 잊지 말라. 중요한 일을 가장 먼저 완결하고 나머지 일들을 처리할 수도 있고, 작은 일을 먼저 완결한 다음 중요한 일에 집중해서 완결할 수도 있다.

가는 과정은 다를 수 있지만, 결과는 같아야 한다. 모든 일을 완결하는 것이 이상적이지만, 어떤 경우에도 완결하는 것이 가장 중요하다. 체스나 장기에서 상대방의 모든 말을 잡을 필요는 없더라도 반드시 잡아야 하는 말이 있다. 바로 상대방의 왕이다. 왕을 잡는 행동을 완결해야만 승리라는 목표를 달성할 수 있다. 다른 모든 말을 잡았더라도, 왕을 잡지 못하면 미완결이라 할 수 있다. 이래서는 목표를 달성할 수 없다.

중요한 일을 완결하는 일은 중요도 낮은 일 여러 개를 완결하는 일보다 더 큰 가치를 지닌다. 당장 내일 사장님 보고를 앞둔 사람이 기한이 한참 남은 다른 업무를 하려고 자료를 찾거나, 기한이 아직 한참 남은 세미나를 준비하고 있으면 되겠는가? 중요한 일의 완결은 이런 이치와 같다.

중요한 일은 덜 중요한 일보다 완결하는 데 시간이 더 걸린다. 빠르게 처리해야 하는 중요도 낮은 일을 처리하기 전에, 중요도 높은 일을 어디까지 진행했는지 표시해두라. "'○○○'라는 일을 △△까지 하고 있었다." 같은 아주 간단한 메모면 충분하다. 이런 작업을 함으로써 가볍고 쉽게 처리할 수 있는 일 위주로 처리하다가 정작 가장 중요한 일을 완결하지 못하는 상황을 막을 수 있다.

중요한 일 앞에서 핑계 대지도 두려워하지도 말자. 지금 당장 시작하는 것만으로도 성공적인 변화가 시작될 수 있다.

제11장 , 당신의 유형은?

체크 표시(✔) 하시오.

Fatal Failure ☐   Super Success ☐

핑계 대며 할 일을 미룬다.   **즉각적으로 일을 시작한다.**

할 일을 앞에 두고 이 핑계, 저 핑계 대며 일을 미룬다. 처음 하는 일이라 두렵고 엄두고 안 나서일 수도 있고, 손대면 쉽게 해낼 거라는 안일한 생각 때문일 수도 있다. 계속 미루기만 하면서 일을 시작하지 못한다.

여러 가지 일 앞에서 우선순위를 정한다. 어떤 일이 중요하고 덜 중요한지, 무엇이 쉬운 일이고 무엇이 어려운 일인지 명확한 기준을 가지고 정리한다. 무엇보다 즉각적으로 일을 시작해 기이고 완결한디.

당신의 슈퍼 성공을 위한 아이템!
Action Items for Super Success

Q 현재 당신은 어떤 일들을 하고 있는가? 하고 있는 일들을 나열하고 각각의 일에 A B C D E 등을 표기하라.

A

	A
	B
	C
	D
	E

Q A B C D E 각각의 일에 대해 시급성, 피해 정도, 이익 정도를 따진 뒤 점수를 매겨보라.

A

	가중치		
	높음	중간	낮음
시급성	3	2	1
피해 정도	5	3	1
이익 정도	5	4	3

	A	B	C	D	E
시급성					
피해 정도					
이익 정도					
총점					

Q 어떤 일부터 시작할지 결정했는가? 결정했다면 세부 전략을 세우자. 미루지 말고 당장 오늘부터 시작하라.

A

주변 사람이 실패하기를 바란다

제12장

V

S

주변 사람들이
성공하도록
돕는다

66 인생은 경쟁이야.
네 옆 사람들을 밟고
올라가야 해. 99

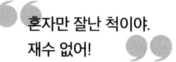

66 혼자만 잘난 척이야.
재수 없어! 99

"옆 사람들을 밟고 올라가야 성공한다."는 말을 어릴 때부터 참 많이 들었다. 그런데 이 말에는 심각한 오류가 있다. 내 주변 사람이 세상 경쟁 상대의 전부라는 전제가 그것이다.

수능 시험을 예로 들어보자. 문과와 이과에 따라 다르지만, 한번에 수십만 명이 치르는 시험에서 내가 옆에 있는 반 친구보다 앞선다고 해서 무슨 대단한 의미가 있겠는가? 문제는 옆에 있는 사람을 밟고 올라서야 한다는 말을 곧이곧대로 믿는 사람들이 있다는 것이다.

정정당당하게 실력을 쌓아서 남을 앞지르는 거야 누가 뭐라 하겠는가? 실력을 쌓는 데는 관심이 없고 남을 무찌르고 쓰러뜨리고 짓밟는 데만 혈안이 된 사람들이 있다. 이런 사람들의 경쟁 방식은 건전하지 않다. 이들은 발전적인 선의의 경쟁이 아니라 주변 사람들의 실패를 바라며 그들의 일을 방해하고 깎아내리려는 소모적 경쟁에 열을 올린다.

잘하려는 사람을 손가락질하는 심리?

내가 중학생 때였다. 나는 중소 도시에서 학교에 다녔는데, 당시 교육 정책상 중학생이 되어야 영어 정규 수업을 받을 수 있었다. 학원이나 온라인 교육이 활성화되지 않았고 영어는 문법 위주 교육이었기 때문에 회화나 발음에는 모두가 취약했다. 어린 내 생각에도 나중에 영어 발음 문제가 내 발목을 잡을 것 같았다. 나는 그때부터라도 영어 발음을 제대로 연습해두어야 나중에 발음 교정에 큰 문제가 없을 것이라고 생각했다. 그래서 최대한 원어민과 비슷한 발음으로 영어책을 읽으려고 노력했다.

그러던 어느 날, 선생님의 지목을 받아 내가 일어서서 영어책을 읽는데 뒤에서 수군거리는 소리들이 들려왔다.

"저 혼자 잘났지. 혀 엄청 굴려대네."

"하이고, 자기 혼자만 영어 잘하는 척이야."

나는 그런 말을 듣고는 너무나 화가 나서 그렇게 수군대던 아이들과 심하게 다투었다. 한번 생각해보라. 영어를 잘해보겠다고 열심히 원어민 발음 흉내를 낸 내가 잘못일까, 아니면 나를 깎아내리고 내가 영어 실력 쌓는 것을 방해하려는 그 아이들이 잘못한 것일까?

좀 더 당황스러운 이야기를 2020년에 들었다. 한 동창 결혼식장에서 대학교 후배를 만났는데, 그는 인천에서 중학교 영어 교사로 있었다. 학생들 가르치는 게 어렵지 않느냐고 묻자 후배는 이런 이야기를 들려주었다.

"누가 조금만 원어민처럼 영어책을 읽으려고 하면 아이들이 야유하고 빈정대요."

나야 20년도 더 지난 일이고, 백번 양보해서 중소 도시였으니 그럴 수도 있다고 이해했다. 그런데 영어에 대한 인식이 많이 달라진 2020년에 그런 일이 벌어지다니! 심지어 인구 기준으로 우리나라 3번째 대도시인 인천에서? 지금 생각해도 어처구니가 없고 어안이 벙벙해지는 사건이다.

실패하는 사람의 특징은 근시안적 사고를 가졌다는 것이다. 자기가 성공하려면 주변 사람들이 실패해야 한다는 짧은 생각에 사로잡힌 나머지 주변 사람들의 실패를 바라고 잘되려는 그들의 노력을 조롱하며 그들에게 핀잔을 주고 심지어 괴롭히기까지 한다. 하지만 이는 결과적으로 자기 자신도 실패하는 결과를 가져올 가능성이 높다. 왜 그럴까?

남을 끌어내린다고 당신 실력이 향상되나?

주변 사람을 끌어내린다고 해서 내가 그 사람의 자리를 차지할 거라는 생각은 착각이다. 내가 주변 사람을 끌어내려서 **설령 그가 끌려 내려온다 해도 그 자리는 내 것이 아니라 실력을 탄탄히 키우며 준비한 누군가의 차지가 된다.**

내 앞의 저 사람만 제거하면 내가 저 자리에 올라갈 것 같은가? 그렇지 않다. 그런 기대는 완전한 착각이다. 남을 끌어내리는 데 익숙한 사람은 타인의 실패를 바라고 험담하는 데만 열을 올리지, 자신의 실력 향상이나 자기 계발에는 관심이 없기에 더욱 그렇다. 내가 실력을 갖추지 못했는데, 열심히 타인을 끌어내리려고 노력해봤자 남 좋은 일만 한 것이고 헛수고일 뿐이다. 그런 헛일을 할 시간에 실력을 쌓으려고 노력하는 게 훨씬 생산적이다.

성공의 법칙은 간단하다. 지금보다 더 실력을 쌓고 더 나은 능력을 갖추는 것이다. 그래야 더 좋은 기회를 잡을 수 있다. 결과는 그다음 이야기이다.

결국 당신도 똑같이 당한다

'유유상종'이라는 말처럼 사람은 비슷한 사람들끼리 모이기 마련이다. 주변 사람들 험담을 일삼고, 그들의 실패를 바라고 방해하는 사람들도 마찬가지다. 처음에는 그런 사람들끼리 무리 지어 다른 누군가를 깎아내리고 힐난하고 방해한다. 그 대상이 조금이라도 무너지는 것 같으면 통쾌해한다. 마치 자신이 대단한 업적이라도 이룬 듯 저급하게 기뻐한다.

문제는 그다음이다. 그런 사람들의 특징은 언제나 희생양이 필요하다는 것이다. 무리 밖에서 희생양을 찾지 못하면, 결국 자기 무리 가운데 조금이라도 안 맞는 사람들을 희생양 삼아 공격한다. 그 희생양이 바로 당신일 수도 있다. 한때나마 친하게 지냈고 믿었던 사람들이 당신의 실패를 바라고 당신의 일을 방해한다고 생각해보라. 몇 배나 더 큰 배신감이 들 것이다.

만약 그런 일이 벌어진다 해도 누구를 원망하겠는가? 지금까지 그런 일을 하던 무리의 일원이지 않았는가? 당신도 그들 곁에서 그들과 함께 남을 헐뜯고 방해하지 않았는가?

타인의 험담을 일삼고 다니는 사람은 당신이 없는 자리에서 당신 험담을 할 가능성이 높다. 마찬가지로 희생양을 찾아 헤매는 못되고 못난 집단은 결국 그 안에서 또 다른 희생양을 찾을 가능성이 높다. 그 희생양이 당신이 되지 말라는 법은 없다.

남을 밀어뜨리고 성공한들 인심을 잃는다

타인을 짓밟고 주변을 방해하면서도 운이 좋아 실력을 쌓아서 어느 정도 위치에 올랐다면? 그러나 거기까지가 전부다. 주변 사람들을 하나하나 밀어뜨리고 올라왔건만 아무리 둘러보아도 진심으로 당신을 위해주는 사람은 없다. 지금 당신에게 미소 짓고 머리를 조아리는 사람이 있을지 모르나, 그것은 현재 당신이 가진 권력과 위력 때문이다. 만약 당신이 실수로 미끄러지고 위기에 봉착한다면, 아무도 당신을 도와주지 않을 것이다.

주변 사람들을 힘들게 하며 높은 자리에 올라간 사람 주변에 좋은 사람이 머무를 리 없다. 이 역시 자업자득이다. 다들 팀을 만들고 서로 격려하고 응원하는 가운데 성장을 이뤄나가는데, 아무리 개인의 능력이 뛰어난들 어찌 팀을 상대로 이길 수 있을까? 혼자 힘으로는 결코 성장할 수 없다. 운이 좋아 주변 사람들을 차례로 눌렀다 하더라도 승리는 거기까지다. 천재 한 명이 잘 짜인 팀을 이길 수는 없다.

성공하는 사람은 멀리 본다

성공하는 사람은 주변 사람들의 성공을 바라고, 도움이 필요하면 기꺼이 도우려고 한다. 어찌 사람이 질투가 없을까? 당연히 부러움도 있고 질투심도 들 것이다. 그러나 내 곁에 있는 사람이 앞서 나가는 게 나를 짓밟은 결과가 아님을 잘 알고 있다. 마찬가지로 내가 성장하는 것도 내 주변 사람을 짓밟으며 올라간 결과가 아니라, 내가 모르는 미지의 사람들보다 내 실력이 나아서다.

내 옆에 있는 사람을 반드시 이겨야 할 필요는 없다. 오히려 내 옆에 있는 사람도 잘되고 나도 잘되면 더 좋은 팀으로 좋은 결과를 낼 수 있다. 그래서 성공하는 사람들은 주변 사람들의 약진을 즐겁게 바라보며 진심으로 응원해준다. 지금은 보잘것없는 사람이 나중에 큰 성공을 거머쥐게 되면 어떻겠는가? 옆에서 격려해주고 응원해준 사람을 좋게 기억할까, 훼방 놓고 비난하고 힐난하던 사람을 좋게 기억할까? 물어보나 마나 한 질문이며 답은 뻔하다.

주변 사람들의 성공을 바라는 일은 어떤 측면이든 긍정적인 영향을 미친다. 내가 잘되면 내 곁에 나를 진심으로 축하해주는 사람이 있는 것이고, 그와 내가 동시에 성장하면 마음이 잘 맞는 실력 좋은 팀을 만들 수 있는 것이다. 행여나 주변 사람만 잘되고 나는 잘되지 않는다면, 나는 그 사람에게 좋은 인상으로 남을 것이며 그의 대척점에 있지 않다는 사실만으로도 긍정적인 결과다.

매사 주변 사람들의 성장을 바라고 독려하고, 최대한 남을 돕는 일이 축적되면 주변 사람들로부터 '믿을 수 있는 사람'이라는 평판을 얻게 될 것이다. 그리되면 내가 도움이 필요할 때 도움을 받을 수 있게 되는 것은 물론이다. 근시안적으로 보면, 내 시간을 써서 상대방을 도와주는 게 손해 같지만, 더 큰 도움이 필요할 때 생각지도 못한 큰 도움을 받게 된다면 결코 손해가 아니다. 당장은 손해일지 모르나 넓고 길게 보면 결코 손해가 아닌 일들이 많다.

긍정의 언어, '할 수 있다'의 힘

일을 할 때 상대방의 자존심이나 인격을 건드리는 언행을 하는 사람들을 종종 본다. 대체 무엇을 위해 상대방을 깎아내리는 거친 언행을 보이는 걸까? 그런 언행은 사람의 사기를 떨어뜨리는 것은 물론이고, 그 사람에게 미움받는 빌미가 될 뿐이다. 지금이야 그가 나보다 직급이 낮거나 나이가 어려서 감정이 상하고 불쾌해도 그저 참고 넘어갈지 모른다. 하지만 언제까지 당신이 그의 상사로, 혹은 선배로 남아 있을 수 있다고 생각하는가?

다변화된 세상에서 사람의 사회적 위치social position는 얼마든지 뒤집히고 바뀔 수 있다. 관계가 역전된 이후에도 당신은 그에게 똑같이 대할 수 있을까? 반대로 그 사람에게 굴욕적인 일을 당한다면 당신은 괜찮을까?

우리가 회사에 입사하고, 사업을 하고, 학교에 가는 이유는 누군가를 깎아내리고 밀어뜨리고 험담하기 위해서가 아니다. 학교든 직장이든 집단이 존재하는 이유는 일이 잘되고 좋은 관계를 만들고 개인의 실력을 향상시키는 것이다.

성공하고 싶다면, 일단 주변 사람들을 진실한 마음으로 돕고 할 수 있다고 다독이면서 강하고 단단한 팀을 만들기를 바란다. 성공하고자 하는 당신의 경쟁 상대는 옆 사람이 아닌, 세계 어딘가에서 팀워크를 구축하고 있을 누군가이다. 그 누군가와 정정당당하게 겨루려면 지금 당장 주변 사람들과 힘을 합쳐야 한다. 성장과 성공은 홀로 이뤄낼 수 없고 홀로 이룬 성장과 성공은 결코 지속되지 않는다.

아무리 뛰어난 선수도 훌륭한 팀을 이기진 못한다

가만 생각해보면, 우리는 뛰어난 개인이 화려한 개인기와 엄청난 아이디어로 세상을 송두리째 바꿔놓는 이야기에 익숙하다. 수많은 위인전과 박진감을 주는 히어로 영화가 그렇고, 세계적으로 유명한 거물급 CEO들도 혼자서 세상을 바꾼 초인적인 존재로 묘사되곤 한다. 할리우드 SF 영화를 보라! 지구를 파괴하고 우주를 뒤흔드는 영웅이 얼마나 많은가? 강력한 초인超人 한 명이 세상을 뒤흔드는 연출이 비일비재한 세상에서 그런 일이 실제로 벌어질 수 있다고 믿는 게 그 사람 탓만은 아닐 것이다.

그러나 실제 세상은 그런 영웅물과는 많이 다르다. 아무리 뛰어난 스포츠 스타라 해도 팀 경기 결과를 혼자서 뒤집을 수는 없다. 전설적인 CEO라 해도 모든 일을 혼자서 처리하는 경우는 없다시피하고, 처음부터 마음이 잘 맞는 사람들과 팀을 이루어 함께 일한 경우가 대부분이다.

애플의 창업자 스티브 잡스Steve Jobs는 아타리Atari라는 일본 게임회사에서 처음 일을 시작했다가 스티브 워즈니악Steve Wozniak이라는 컴퓨터 천재를 만난 이후 비로소 애플사를 창업하는 기초를 닦을 수 있었다. 최고의 농구 선수라고 평가받는 마이클 조던Michael Jordan 역시 그의 파트너 스코티 피펜Scottie Pippen이 없었다면 시카고 불스의 신화를 창조할 수 없었을 것이다.

아주 좁은 물에서 왕 놀이를 하고 싶은 거라면 남을 헐뜯고 비난하고 끌어내리면서 살아도 좋다. 자신이 최고라는 착각에 빠져서 작은 세상에서 평생 그렇게 살 생각이라면 말이다. 물론 그렇다 해도 정말 그래도 된다고 장담할 수 없는 것이, 남을 비난하고 헐뜯는 사람들은 자신의 능력이 부족해서인 경우가 대부분인데 아무리 좁은 물이라지만 그런 사람이 평생 왕좌에 앉기는 어렵기 때문이다.

혼자만의 힘으로 정상에 오르는 경우는 없다. 링이나 케이지에 홀로 올라 싸우는 격투기 선수도 실은 홀로 싸우는 게 아니다. 그 선수 뒤에는 훈련을 돕는 수많은 파트너와 경기 현장에서 경기를 분석하고 대응 방안을 소리쳐서 알려주는 세컨드가 있다.

혼자 힘으로 큰일을 해내는 꿈과 이상을 품고 있다면 생각을 바꾸기를 권한다. 세계적으로 위대한 일을 해내고 싶은가? 당신의 분야에서 최고가 되고 싶은가? 그렇다면 당신의 피나는 노력도 필요하지만, 그것만으로는 충분하지 않다. 수많은 조력자의 도움 없이는 결코 화려한 주목을 받을 수 없다. 세계 최고 수준이 되는 사람들은 결코 홀로 전장에 나서지 않는다. 주변 사람을 짓밟고 끌어내리며 인심을 잃은 사람이 자신보다 훨씬 더 뛰어난 팀을 만났을 때 이길 리 없다.

생각을 바꾸어야 한다. 가까이 있는 직장 동료, 학교 동창, 업무 파트너 등과 나는 동반 성장해야 하는 관계라고 말이다. **일상 속에서 내가 만나는 모든 사람을 소중하게 여기고 격려하며 더 단단한 팀을 만들 생각을 해야 한다.** 어려운 문제를 만나면 그들과 힘을 합치고, 그 문제를 함께 해결하면서 나도 그들도 조금씩 성장해나간다고 생각하자. 위대한 일을 이룬 사람들은 처음부터 특별한 능력을 타고났다고 생각하기 쉽지만, 그렇지 않다. 그들도 미숙하고 나약한 시절을 반드시 거치게 되어 있다. 미숙했던 시절에 주변 사람들과 함께 성장하며 단단한 힘을 구축했기에 세상을 바꿀 만한 위대한 일을 할 수 있게 된 것이다.

내 곁에 있는 사람을 소중히 여기고 차근차근 함께 성장하도록 하자. 지금은 보이지 않지만, 실력 좋고 단단한 팀을 만나 정면으로 겨룰 때 승리하고 성공하는 쪽이 나와 내 팀이 될 수 있도록 하자. 마지막으로 당부하고 싶은 한 가지가 있다. 당신의 실력을 쌓으라는 말이다.

내 실력이 아무것도 없는 상황에서 실력 좋은 사람에게 기대려는 것은 얌체 심보이며, 실력자에게 아부하려는 사람으로만 비추어질 것이다. 당신의 실력 향상이 주변의 그 어떤 여건보다 중요하다는 사실을 꼭 기억하자.

제12장 , 당신의 유형은?

체크 표시(✔) 하시오.

Fatal Failure ☐

Super Success ☐

주변 사람이 실패하기를 바라고 그들의 일을 훼방한다.

주변 사람들의 성공을 바라고 돕는다.

주변 사람들이 실패하면 자기가 성공할 것이라는 근시안적인 사고를 가졌다. 호시탐탐 주변 사람들을 무시하고 조롱하고 깎아내리려고 안간힘을 쓴다. 혼자서 모두를 이길 수 있다고 착각한다.

주변 사람들과 동반 성장을 꿈꾸며 선의의 경쟁에 몰두한다. 혼자서는 더 큰 성공을 이룰 수 없음을 알고 주변 사람들을 소중하게 여긴다. 주변 사람들을 늘 격려하며 두우려 노력한다.

당신의 슈퍼 성공을 위한 아이템!
Action Items for Super Success

Q 당신의 실력 향상을 위해 어떤 부분을 집중적으로 노력해야 하는가? 당신의 생각을 적어보라.

A

Q 당신의 실력을 향상할 수 있는 방법은 무엇인가? 주변의 뛰어난 사람으로부터 배울 점을 적어보라.

A

Q 당신은 주변 사람을 깎아내리고 비난했던 적이 있는가? 그 상황을 한번 적어보라.

A

Q 다시 그런 상황이 온다면 당신은 어떻게 하겠는가?

A

자신은 다 안다고 생각한다

100%

제13장

V

S

자신의 부족함을 찾고 끊임없이 배운다

> **내가 지금 이 바닥에
> 서 몇 년을 굴렀는데,
> 새파랗게 젊은 놈이
> 뭘 안다고?**

> **그게 뭐 별거라고? 내가
> 하면 금방 된다니까!**

나는 프레젠테이션에 관해 책을 세 권 냈고, 온라인 강의도 진행한다. 어느덧 사람들은 나를 프레젠테이션 전문가라 부르기 시작했다.

프레젠테이션을 가르치면서 많은 사람을 접하다 보니 안타까운 마음이 들 때가 종종 있다. 프레젠테이션 기술이나 슬라이드 디자인 면에서 개선이 시급하다고 느껴지는 사람들이 있어서다.

특히, 대중 강연을 하면서 이른바 '형편없는' 슬라이드를 들고 다니는 분들을 보면 나도 모르게 경악할 때가 있다. 내게 도움을 요청하지 않았기에 나도 오지랖이라 생각하고 꾹 참고 모른 척 넘어가지만 '아, 저분은 이런 부분만 개선하면 훨씬 더 좋아질 텐데'라는 생각을 떨칠 수가 없다.

경력이 많아도 여전히 배워야 한다

나는 한때 경영 컨설턴트 생활을 오래 했다. 당시만 해도 프로젝트에 투입되면 보통 나이 지긋하신 연차 수십 년 되신 분들이 나를 막고 "야. 내가 지금 이 바닥에서 몇 년을 굴렀는데, 네가 뭘 안다고 지금 여기 와서 이래라저래라 하겠다는 거야? 새파랗게 젊은 놈이."라고 말씀하시는 경우가 많았다. 얼핏 생각하면 틀린 말이 아닐지도 모르겠다. 그러나 프로젝트가 끝날 때면, 처음엔 위풍당당하게 내게 그런 말을 했던 사람들이 뒤통수를 긁적이며 조용히 사라지는 것을 본다.

물론 수십 년 경력자는 경험이 많고 나는 그 경험을 존중한다. 그러나 일반적으로 컨설팅 프로젝트에서는 동일한 산업군의 세계 선도 사례를 조사해서 적용 방안을 고민하고 고객사가 적용할 수 있게 안을 제시하는 작업이 포함된다. 수십 년 경력도 의미가 있지만, 세계 각국에서 일어나는 가장 효과적인 방법에서 배울 점이 분명 있을 것이다.

실패하는 사람은 책을 한 권 읽고 세상 진리를 모두 깨우친 듯 행동한다. 무식하면 용감하다는 말은 바로 그런 사람에게 해당한다. 많이 공부할수록, 배우려고 노력할수록 자신이 아는 지식이 극히 부분적이라는 사실을 깨닫게 된다. 왜 그럴까?

어떤 지식이 100개의 구멍을 메우는 일이라고 가정해보자. 아무것도 모를 때는 1개의 구멍을 막고 두 번째 구멍을 막으면 내가 아는 것이 두 배로 늘어난 것이다. 괄목할 만한 성장이다. 그러나 전체가 얼마나 광활

한지 알지 못하기에 자만하게 된다. 아직 막히지 않은 구멍이 98개나 남았는데도 그 사실을 인지하지 못한다.

전문가라면 이야기가 달라진다. 지금까지 100개의 구멍 중 90개의 구멍을 막았는데도, 여전히 빈틈이 존재한다는 사실을 깨닫는다. 해도 해도 배움에는 끝이 없음을 실감한다. 90개에서 91개의 구멍을 메웠지만, 티가 나는 것도 아니다. 그는 이미 전문가 반열에 올랐지만, 구멍 메우기에 관해 세상에 존재하는 모든 지식을 알고 있다는 자만심에 빠지지는 않는다.

[그림 10] 제너럴 일렉트릭을 세계적인 기업으로 일군 잭 웰치 회장

미국 제너럴 일렉트릭GE: General Electric의 전설적인 CEO 고故 잭 웰치Jack Welch는 제너럴 일렉트릭에 평사원으로 입사해 회장까지 오른 그야말로 전설적인 인물이다. 20년간 GE의 회장으로 있으면서 GE의 시가총액을 34배나 성장시켰으니, 현대 경영학의 대부라는 별칭에 전혀 손색이 없다.

잭 웰치가 남긴 여러 성과를 여기서 다 거론할 수는 없지만, 그의 말 중 자기계발에 관련된 이 명언을 곰곰이 생각해보자. "우리가 현재 그 분야에서 1등이라면, 분야를 넓혔을 때도 우리가 1위인지 생각해보라."

자신이 이룬 성과에 도취하지 말라

당신의 주변에는 당신보다 많이 아는 사람이 없을지도 모른다. 그러나 그렇다고 해서 당신이 세계에서 그 분야에 관해 가장 많이 아는 사람은 아닐 것이다. **조직 안에서 모두가 당신에게 박수를 치고 있다면 이제 그 조직을 떠날 때가 되었음을 의미한다.** 당신은 그 조직에서 더는 배울 것이 없고 더 높은 세상을 향해 도전하는 것이 맞다.

그런데 많은 사람이 착각한다. 어떤 조직 내에서 최고의 자리에 오르거나 전문가로 자리매김하기 전에 이미 자신이 꽤 많은 것을 안다고 말이다. 자신이 많은 것을 안다고 착각하는 사람은 주변의 진심 어린 의견과 조언, 혹은 피드백을 하찮게 생각한다. 소중한 경험과 지식을 아낌없이 전수해주어도 그 소중함을 모르고 무시한다.

내가 컨설팅 프로젝트를 시작할 때 자주 사용했던 그림이 있다. 두 사람이 땀을 뻘뻘 흘리며 수레를 굴리고 있다. 옆에서 다른 사람이 "도와줄까?"라고 묻는데, 두 사람은 필요 없다며 "우리 지금 엄청 열심히 일하고 있어."라고 대꾸한다. 옆에 있는 사람은 다름 아닌 둥근 타이어를 들고 있고, 수레에는 삼각형 바퀴가 장착되어 있다.

다소 과장된 그림이지만, 실제로 자신의 경험이나 얕은 지식에 도취해 내가 모든 걸 안다고 생각하는 사람들이 많다. 그런 사람은 한 번 성공하기도 어렵거니와, 운이 좋아 한 번 성공했다 하더라도 다음에 또 성공하기는 어렵다. 새로운 지식이 나오고 트렌드가 바뀌면 원래 가지고 있던 지식은 가치가 떨어지는 게 당연하기 때문이다. 자신이 뒤처졌다는 사실을 인지했을 때는 이미 따라잡기 어려운 격차가 벌어진 뒤다.

성공하는 사람들은 현재 자신의 지식과 경험이 언젠가는 낡은 것이 되리라는 사실을 잘 안다. 그래서 부지런히 공부하고 열심히 배운다. 배우는 과정에서 자신이 부족했던 점을 발견하고 지금 하는 일에 새로운 지식을 접목한다. 구석기 시대의 돌칼로 싸우는 사람과 현대의 총으로 싸우는 사람이 맞서면 누가 이길까? 이렇게 물으면 **돌칼로 싸우는 사람이 이길 거라고 말하는 사람은 아무도 없는데, 이상하게도 과거의 무기를 들고 전장에 나가려는 사람이 많다.** 그래서 어떻게 싸움에서 이기겠는가!

지금은 꽤 괜찮은 지식과 실력일지라도 시간이 지나면 무뎌지고 낡게 된다는 사실을 기억하자. 과거에 찍었던 당신의 사진을 보라. 나름대로 한껏 치러입었지만 지금 보면 촌스럽지 않은가? 지식과 정보, 실력도 마찬가지다.

연결하는 능력의 중요성

이번에는 조금 다른 이야기를 해보겠다. 주변에 이런 사람들을 본 적이 있을 것이다. 어쩌면 당신이 그런 사람일 수도 있다. 열심히 공부하고 트렌드를 줄줄 꿰는데도 이상하게 성과는 별로 내지 못한다. 이런 사람은 무엇이 문제일까? 왜 열심히 하는 데도 성공하지 못할까?

핵심은 공부한 내용을 연결하는 능력이 부족해서다. 상식도 풍부하고 다양한 분야에 해박한 지식을 가지고 있지만, 그것들을 서로 연동시킬 줄은 모른다. 이런 사람들은 공부를 지적 유희로 즐기는 경향이 있다. 물론 교양 삼아 공부를 하겠다면 그 자체가 나쁜 것은 결코 아니다. 하지만 성공하고 싶다면, 그런 태도는 문제다.

성공하려면 일을 해야 하고, 일의 성과를 내려면 단편적인 지식에 머물러서는 안 되고 여러 지식을 다양한 경험에 연결해야 한다. 아무리 공부를 많이 해도 대부분의 지식이 단편적으로 그치고 연결되지 않는다면, 각자 따로 노는 지식이 될 뿐이다. 지식을 익히는 게 취미인 것도 나쁘지 않다. 그러나 성공하려면 지식을 익히는 취미에 그치지 말고 각 지식들을 서로 연결할 줄 알아야 한다.

잘 생각해보자. 이 책에는 여러 위인 이야기가 나온다. 내 경험담도 있다. 내가 고등학생 때, 수업 시작 전 칠판 상단 구석에 명사의 명언을 꼭 적어주시는 선생님이 계셨다. 나는 처음에는 그 명언을 열심히 받아 적었는데, 시간이 지나 그 일을 그만두었다. 열심히 받아만 적었지 그 명언을 내 삶에 적용해본 일이 한 번도 없었기 때문이었다. 명언은 명언대로 내 수첩에서 잠자고 있었고, 나는 나대로 내 삶을 살았다. 명언은 내 삶에 영향을 주지 못했고 나는 의미 없는 일을 중단했다.

소셜 미디어나 각종 영상에서 '동기 부여' 영상들을 많이 접하게 된다. 거기엔 "자극받고 갑니다." "반성합니다." "좋은 영상(글) 감사합니다." 등의 댓글이 잔뜩 달린다. 그럼 그들의 삶이 달라졌을까? 그렇게 달라진 사람이 많았다면 세상은 훨씬 더 발전하고 경쟁이 치열한 전쟁터가 되었을 것이다. 너무 많은 사람이 성실하게 각자 자기 분야에서 최선을 다한 결과 평균 실력이 엄청나게 높아졌을 것이기 때문이다.

다시 기업 이야기로 돌아가 보자. 기업에서는 개선 활동이나 새로운 일을 시작할 때 타사의 선진 사례를 살펴보는 일이 흔하다. 우리보다 앞서 있는 회사의 방식을 살펴보고 이를 도입해 우리 기업을 발전시키려는 의도다. 이를 흔히 '베스트 프렉티스best practice, 모범 경영' 또는 '벤치마킹benchmarking'이라고 한다.

당신이 회사의 사장이라고 하자. 직원에게 선진 사례를 조사하라고 출장을 보냈다. 며칠 뒤 출장에서 돌아온 직원에게 "어땠나?"라고 물었는데 직원이 "좋던데요!"라고 답한다. 그럼 당신은 "음 그렇군. 수고했네."라고 말하고 그걸로 끝내겠는가? 아니면 "우리 회사에 적용할 방안을 정리해서 제출하게."라고 지시하겠는가?

당연히 후자다. 혹시 전자라고 생각하는 사람이 있는가? 아마도 없을 것이다. 그런데 왜 당신은 남의 삶에서 벤치마크를 그렇게 해놓고도, 시간 때우려고 로맨스 코미디 영화 한 편 본 것처럼 당신의 삶에 아무런 적용도 하지 않는가?

배우지 않으려고 하는 사람보다는 열심히 배우려는 사람이 훨씬 낫다. 열심히 배우면 성공은 못 해도 최소한 상식은 풍부해지기 때문이다. 그러나 성공하고 싶은 사람이라면 거기서 멈추면 안 된다. **자신이 익힌 지식과 정보를 자신이 하는 일에 녹여 넣어야 한다.** 급변하는 환경과 치열한 경쟁 상황에서 새로운 지식과 정보를 얻었다면 내가 하는 일에 바로 적용해야 성공한다. 성공하는 사람은 자신의 직접, 간접 경험을 통해 익힌 다양한 정보와 지식을 자신의 커리어에 활용하고 남보다 한 발 앞서 성장해나간다는 사실을 기억하자.

"구슬이 서 말이어도 꿰어야 보배"라는 말은 정보화 시대를 살아가는 우리에게도 정확하게 해당한다. 아무리 많은 지식을 머릿속에 담고 있어도 이를 꺼내지 않으면 아무런 의미가 없다.

제13장 , 당신의 유형은?

체크 표시(✔) 하시오.

Fatal Failure ☐   Super Success ☐

자신은 다 안다고 생각한다.   **자신의 부족함을 찾고 끊임없이 배운다.**

오래전 익힌 낡은 지식과 정보를 가지고 계속해서 일을 해나간다. 과거의 정보, 기술, 지식은 이미 낡은 것이 되었다는 사실을 인정하지 않는다. 새로운 지식과 정보에 둔감할 뿐만 아니라, 배움의 필요성을 모르고 배우려는 노력조차 하지 않는다.

새로운 트렌드와 정보에 민감하고, 끊임없이 새로운 정보를 받아들이려고 노력한다. 새로운 기술을 익히는 데 투자하고 늘 자신의 부족함을 인식한다. 새롭게 얻은 지식과 정보를 자신이 하는 일에 반영해 뛰어난 성과를 거둔다.

당신의 슈퍼 성공을 위한 아이템!
Action Items for Super Success

Q 당신이 일하고 있는 분야의 정보는 어디서 얻을 수 있나? 잘 생각하고 적어보라.

A

Q 당신이 습득한 정보나 지식을 지금 하고 있는 일에 어떻게 적용하겠는가? 그 방법을 고민해보고 적어보라.

A

Q 당신은 자신이 하는 일과 관련된 책을 정기적으로 읽고 있나? 관련 서적을 얼마나 읽고 있는지 적어보라.

A

Q 만약 책 읽기를 하고 있지 않다면, '한 달 한 권 읽기'를 시작해보자.

A

변화를 싫어하고 과거의 방식만 고집한다

제14장

V

S

트렌드에
맞춰 기꺼이
자신을 바꾼다

> **" 하던 방식이 제일 편해.
> 뭐 얼마나 달라질 게
> 있다고 바꿔? "**

> **" 지금까지 잘해왔는데
> 왜 자꾸 우릴 귀찮게 해? "**

익숙함에 머무르면 편안하다. 새로운 방식은 피하고 늘 하던 대로 하면 성가실 게 없고, 일 처리 시간도 훨씬 단축되며 어쩌면 일의 완성도도 높을 수 있다. 그러나 기존의 방식은 결국에는 낡기 마련이다.

지금 이 순간도 치열하게 고민한 결과물이 끊임없이 쏟아져 나오고 있다. 그 가운데 자신의 일에 적용할 수 있는 게 있다면 처음에는 조금 익숙지 않고 불편하더라도 받아들여야 한다. 변화를 원치 않고 과거 방식을 고수하면 도태되는 것은 시간문제이기 때문이다.

지금은 스마트폰 사용이 당연한 시대가 되었다. 그러나 최초로 스마트폰이 나왔을 때 사람들의 반응을 기억하는가? 많은 사람이 혁신이라며 놀라움을 표한 반면, "뭐 하러 휴대폰에 그렇게 대단한 기능을 자꾸 넣

는담? 어차피 전화는 통화만 잘되면 되는 거지."라고 말하는 사람도 적지 않았다. 모바일 메신저가 나왔을 때도 "원래 통신사에서 제공하는 문자메시지가 있는데 뭐 하러 그런 걸 써. 번거롭게?"라고 부정적으로 말하는 사람도 많았다.

그렇게 말하던 사람들이 과연 지금도 스마트폰을 사용하지 않을까? 카카오톡 같은 메신저도 사용하지 않을까? 만약 아직도 사용하지 않는다면 정말 고집이 센 도태된 사람일 것이고, 사용하고 있다면 어쩔 수 없이 시류에 휘말렸을 가능성이 크다.

과거의 영광에 취하면 끝이다

기업이 새로운 방식에 거부감을 느끼고 기존 방식을 고수하다가 도태된 사례는 무궁무진하다. 거대한 산업의 흐름과 패러다임의 변화를 거스를 수 있는 사람은 없다. 영원히 무너지지 않고 불멸할 것 같던 브라운관 TV의 명가 일본은 디지털 혁명 앞에서 삼성과 LG에 처참히 무너져, 현재 TV 경쟁에서 그들을 따라잡지 못하고 있다. 기존에 하던 방식만 고수해서 그렇다.

필름 카메라만 고수하던 코닥Kodak은 디지털카메라의 발전으로 사세가 급격히 쪼그라들었다. 노키아Nokia라는 회사를 아는가? 아마 20대 초중반이라면 들어보지 못했을 수도 있지만, 한때 세계 휴대전화 판매 1위 업체였다. 스티브 잡스의 애플 아이폰이 출시되자, 그동안 피처폰feature phone으로 휴대전화 시장의 왕좌에 앉아 있던 노키아는 순식간에 판매량 급락을 경험했다. 노키아뿐만 아니라 삼성, LG 등 기존 휴대전화 시장의 강자들이 줄줄이 직격탄을 맞고 흔들렸다. 기업들은 급한 대로 스마트폰 형태로 휴대전화를 만들어 출시했지만 역부족이었다.

삼성은 한참 시간이 지난 이후 간신히 시장 점유율을 회복했지만, LG는 여전히 과거 피처폰 당시의 점유율을 회복하지 못하고 있다. 노키아는 휴대전화 사업을 포기한 데 이어 그들의 운영 체제인 심비안마저 포기하고 안드로이드 폰을 내놓았지만 아직 큰 성과를 보이지 못하고 있다.

지금 아무리 잘하고 있다 해도 한순간에 덮치는 파도를 누군들 피하겠는가? 지금까지 잘되었다는 사실이 미래에도 잘된다는 보장은 아니다.

편안한 공간에서 나오라

"우물 안 개구리"라는 속담이 있다. 자기 자신이 최고라고 생각하지만 그것은 아주 좁은 테두리 안에서의 이야기다. 개구리라면, 세상에서 가장 편한 우물 안에 영원히 머무르고 싶을지도 모르겠다. 내가 계속 이야기하지만, 편안한 삶에 안주하며 소소한 행복을 누리겠다는 목표가 나쁘다는 이야기가 결코 아니다. 다만, 여러분은 성공하고 싶은 마음 때문에 이 책을 읽고 있는 게 아닌가? 그렇다면 우물 안 개구리에서 머무르지 말고 우물 밖으로 나와야 한다.

변화는 불편한 일이다. 우물 안에서 편안하게 쉬고 있던 개구리가 좀 더 성장해보겠다고 우물 위로 올라왔는데, 눈앞에 뱀이 떡하니 버티고 있을 수도 있다. 우물 밖 땅은 온통 사막이어서 목말라 죽을 지경일 수도 있다. 이처럼 우물 밖은 불확실성과 실패 확률이 늘 도사리고 있다. 그렇다고 우물 안에만 머무른다면 언젠가 그 우물은 서서히 말라버릴 것이다.

전에 어떤 프로젝트를 진행할 때의 일이다. 당시 우리는 고객사 팀과 함께 생산성 향상이라는 목표를 세우고 일을 진행했다. 글로벌 전문가를 초빙해 최적의 방법을 고민해 만들어내고 그 방법을 적용하기로 했다. 회사 전체가 같은 방법을 적용해야 했기에 설명회를 개최하게 되었다. 설명회를 들은 그룹은 새로운 방법을 적용해보겠다는 쪽과 "지금까지 열심히 일하고 있는데 왜 우리를 귀찮게 하느냐?"는 쪽으로 갈라졌다.

우여곡절 끝에 새로운 방법론이 전면 도입되었다. 새로운 방법에 적응하려고 노력했던 분들은 초반에는 비교적 저조한 성과를 냈지만, 시간이 지날수록 빠르게 성과가 오르기 시작했다. 반면 과거의 방식을 완전히 놓지 못하거나 저항이 거셌던 분들의 생산성은 과거와 비슷하거나 오르더라도 미미한 수준에 그쳤다.

새로운 방법을 도입하기 전과 비교하면, 적극적으로 변화를 받아들인 쪽과 변화를 받아들이지 않으려던 쪽의 업무 수준은 좀 더 차이가 났다. 결국 "이 방법을 도입하지 않으면 안 된다."라는 생각이 회사 전체에 퍼져나갔고 새로운 방법론을 거부하던 사람들도 변화의 물결에 편승하지 않을 수 없게 되었다. 초창기에 빠르게 변화를 받아들이고 앞서 나간 사람들은 우수 사원으로 표창을 받는 등 성과가 두드러졌다. 남들이 변화를 거부하며 버티는 동안 이들은 새로운 방법에 적응하고 익숙해졌기에 그런 성과를 낼 수 있었다.

변화는 불편하고 두려운 일이다. 휴대전화도 운영 체제가 바뀌면 적응하기 힘들어서 다른 운영 체제의 휴대전화로 쉽사리 갈아타지 못한다. 휴대전화 하나 바꾸는 일도 그럴진대, 실제로 해야 하는 업무를 그것도 매일 하는 업무 방식을 한순간 바꾸려면 불편하고 힘든 게 당연하다. 새로운 방법에 적응하지 못할까 봐 걱정이 앞서고 두려울 수 있다. 그러나 그 과정이 힘들고 두렵다고 해서 변화하지 않는다면 남는 것은 도태뿐이라는 사실을 꼭 기억하기 바란다. 매도 먼저 맞는 게 낫다고, 한시라도 빨리 변화하겠다고 마음먹는 편이 훨씬 낫다.

마음으로부터 변화를 받아들이라

"소를 물가까지 데려갈 수는 있어도 물을 마시게 할 수는 없다." 주변에서 아무리 도움을 주려고 해도 당사자가 도움이 필요하다는 인식을 하지 못하면 진정으로 변화하기 어렵다는 뜻이다. 물론 변화는 누구에게나 불편하고 쉽지 않은 도전이기에 거부 반응을 보이는 게 당연할지도 모른다.

조금은 다른 이야기를 해보자. 칠종칠금七縱七擒이라는 말이 있다. 문자 그대로 해석하면, 일곱 번 잡았다가 일곱 번 풀어준다는 뜻이다. 《삼국지》에서 촉나라 제갈량이 위나라로 북벌을 나가기 전에 정세를 안정시키려고 먼저 남만족을 평정할 때의 이야기에서 나온 고사성어다. 남만이란 현재의 중국 남부와 베트남, 미얀마 북부에 걸친 지역에 해당한다.

당시 남만에는 맹획孟獲이라는 왕이 있었다. 맹획은 갑자기 적이 쳐들어오자 당연히 나라를 지키려고 맞서 싸웠다. 처음에는 이길 자신도 있었다. 그러나 싸우면 패배하기를 거듭했고 그때마다 맹획은 정당한 싸움이 아니라며 자신을 풀어줄 것을 간청했다. 다음에 정정당당히 싸워서 지면 제갈량에게 복종하겠다는 다짐을 하면서 말이다.

어찌 된 일인지 제갈량은 그 말도 안 되는 맹획의 간청을 들어준다. 다음번엔 더 잘 싸울 수 있겠냐는 물음과 함께 큰소리치는 맹획을 놓아주기를 반복하는데, 그게 무려 일곱 번에 이르렀다. 일곱 번째에 이르자 맹획은 더는 저항하지 않고 제갈량에게 항복했다.

공명(제갈량의 자)은 남만을 정복하는 대신, 맹획에게 통치권을 넘기고 촉나라로 복귀한다. 그러자 맹획은 마음으로부터 공명에게 항복하고는 다시는 촉나라를 침공하지 않았을 뿐만 아니라, 공명에게 계속해서 조공을 바치며 충성을 다짐했다. 말 그대로 맹획의 마음가짐이 달라진 것이다.

변화는 자신이 기꺼이 받아들이겠다고 마음을 달리 먹어야 진정으로 이룰 수 있다. 남이 억지로 끌고 가서 변화하게 만드는 것은 한계가 있다. 아무리 실력 있는 과외 선생을 붙여주고 값비싼 학원을 끊어줘도, 본인이 공부하지 않으면 성적은 결코 오르지 않는다. 산해진미를 대령하고, 심지어 그것을 숟가락에 담아 입에 넣어주어도 본인이 씹어 삼키지 않으면 영양분이 되지 못한다.

새로운 변화를 아무렇지 않게 받아들일 수 있는 사람은 없다. 마음을 다잡아 그 어려움을 극복하려고 노력하는 자만이 빠르게 변화를 수용할 수 있고, 남보다 앞서갈 수 있다.

변화를 대하는 태도 - 초반에 집중하라

용수철이나 고무 밴드를 잡아당기면 길게 늘어났다가 손을 놓으면 원 상태로 돌아간다. 이는 탄성계수 때문에 일어나는 현상이다. 이때 용수철 이나 고무 밴드에 감당할 수 없는 수준의 힘이 가해지면, 용수철은 늘어 난 뒤 줄어들지 않고 고무 밴드는 끊어지고 만다. 용수철이나 고무 밴드 의 탄성계수를 넘어서는 힘이 가해져서 그렇다. 다른 말로 하면 용수철이 나 고무 밴드의 탄성한계를 벗어난 결과가 그렇다.

탄성계수와 탄성한계를 종합하면, 사물 본연의 속성을 파괴할 만큼의 힘이 외부에서 가해졌을 때 원래 상태로 돌아가지 못한다고 말할 수 있다.

이런 원리는 일에서도 똑같이 작동하는 것 같다. 일을 어느 정도 진행 하고 멈춘다면, 혹은 천천히 진행하면서 완결하지 않는다면 그 일은 마 치 경사에 올려놓은 공처럼 올라가다가 제자리로 돌아오는 일이 반복된 다. 그 일이 원래 상태로 돌아오지 않게 하려면 어떻게 해야 할까? 탄성 계수의 원리로 이야기하면 탄성한계를 넘어서는 힘을 주어야만 그 일이 제자리로 돌아오는 현상을 막을 수 있다. 즉 관성을 뛰어넘는 노력을 쏟 아부어 일을 완결하는 것이다.

일을 하는 행위는 고정된 평지 위를 걷는 동작이 아니라, 오히려 컨베 이어 벨트 위에서 역주행하는 동작에 가깝다. **아무 일도 하지 않고 가만**

히 있으면 앞으로 나아가지 않는 게 아니라, 사실은 뒷걸음질치는 상황이다. 설령 걷고 있다 하더라도 컨베이어 벨트 속도보다 느리다면, 제자리걸음을 하고 있거나 뒤로 조금씩 밀려나고 있는 것이다.

비유로 이야기했지만 컨베이어 벨트의 속도란 세상의 흐름, 지식의 발전 속도, 유행의 빠르기에 해당한다. 우리가 아무 일도 하지 않고 가만히 있다면, 계속해서 퇴보하게 된다. 정체는 정체가 아니라 퇴보인 이유다.*

그렇다면 어떻게 해야 할까? 새로운 변화를 접할 때는 초반에 집중해서 빨리 습득해야 유리하다. 그 효과를 증명하는 예로 영어 공부를 들 수 있다. 10년간 매주 한두 시간씩 영어 공부에 매진해도 외국인과 제대로 영어로 이야기할 수 없던 사람이, 해외에 나가 영어만 쓰는 환경에 6개월만 노출되면 외국인과 영어로 기본적인 대화를 나누는 것이 가능해진다. 어째서 그럴까?

새로운 변화를 받아들이는 것을 특정한 일을 처리하는 경우로 치환해서 생각하면 이해하기 쉽다. 이를 좀 더 도식화해서 살펴보자.

- 일하는 데 걸리는 시간 = T Time of completion
- 해야 하는 일의 총량 = W Work
- 하루당 처리하는 일 = D Daily work
- 자연 퇴보 속도 = N Natural speed of degeneration

$$\Rightarrow T = W \div (D-N)$$

---

* 졸저 《행동의 완결》(2019)에 더 확장된 내용이 있다.

즉, 어떤 일에 익숙해지는 데 걸리는 시간을 구하려면, 먼저 하루당 처리하는 일에서 일의 자연 퇴보 속도를 뺀다. 그런 다음 그 차이 값으로 전체 해야 하는 일의 총량을 나누면 된다. 다시 말해, 실제 처리한 일의 양으로 일의 총량을 나누면 일을 완결하는 데 걸리는 시간이 도출된다. 이해를 돕기 위해 다음 사례를 보자.

[사례] 일의 완결에 걸리는 시간 구하기 >>>>>

기본 전제 - 해야 하는 일의 총량: 100

일이 자연적으로 퇴보하는 속도: 10

Case A. 하루당 처리하는 일: 20

⇒ 완결하는 데 걸리는 시간 T_A = 100 ÷ (20-10) = 10일

Case B. 하루당 처리하는 일: 30

⇒ 완결하는 데 걸리는 시간 T_B = 100 ÷ (30-10) = 5일

Case C. 하루당 처리하는 일: 50

⇒ 완결하는 데 걸리는 시간 T_C = 100 ÷ (50-10) = 2.5일

수치상으로 보니 더욱 명확해졌다. A와 B 케이스의 경우, 하루당 들이는 노력의 차이는 33% 정도이지만 걸리는 시간은 반으로 줄었다. A와 C를 비교해보면 더욱 뚜렷한 차이가 난다. 들이는 노력의 차이는 2.5배이지만, 일을 완결하는 데 걸리는 시간은 무려 4분의 1 수준으로

단축되었다.

어찌 보면 이는 당연한 결과다. 10일간 쌓이는 저항의 강도를 100이라 한다면, 5일간 쌓이는 저항의 강도는 50, 2.5일간 쌓이는 저항의 강도는 겨우 25이기에 그런 결과가 나온 것이다. 물론 모든 일이 이렇게 수치적으로 명쾌하게 떨어지지는 않는다. 다만, 일을 할 때 너무 긴 시간 동안 늘어지게 하는 것보다 단시간에 밀도 있게 추진하는 것이 더 빠르게 일을 매듭짓는 방법인 것만은 분명한 사실이다.

가능한 한 단기간에 집중해 일을 마무리하라. 천천히 오래 하는 것보다 그것이 훨씬 유리하다. 변화의 물결이 다가올 때 선제적으로 대응해야 하는 것은 그래서다. 전력을 다해 초반에 변화를 습득해야 이후에 편안해질 수 있다. 타인에게 이끌려 억지로 하다 말다 하는 식으로는 고통의 기간만 더욱 길어질 뿐 얻는 것은 없다.

이전의 방식만 고수하면 도태되는 건 시간문제다. 변화는 결국 다가오게 되어 있다. 따라서 할 수 있는 한 초반부터 최선을 다해 빠르게 변화에 적응하고 앞서 나가라. 그런 사람만이 성공에 가까워질 수 있다.

제14장 | 당신의 유형은?

체크 표시(✔) 하시오.

Fatal Failure ☐   Super Success ☐

변화를 싫어하고 과거의 방식만 고집한다. | **트렌드에 맞춰 기꺼이 자신을 바꾼다.**

과거의 방식은 언젠가는 낡은 것이 된다는 사실을 인정하지 않고 계속해서 과거의 방식만 고집한다. 새로운 방식이 나오거나 패러다임이 바뀌면 대응하시 못해 급격이 도태된다.

변화는 누구에게나 고통스러운 과정이지만 최대한 빠르게 받아들여 남보다 일찍 적응한다. 변화의 초반에 집중해서 빠르게 적응하는 편이 결과적으로 한결 유리하다는 사실을 잘 알고 있다.

당신의 슈퍼 성공을 위한 아이템!
Action Items for Super Success

Q 당신은 변화를 잘 받아들이는 사람인가, 아닌가? 변화를 잘 받아들이지 못하는 사람이라면 그 이유는 무엇인가?

A

Q 현재 당신이 하고 있는 일을 좀 더 효율적으로 할 수 있는 새로운 방법은 없나? 잘 찾아보고 적어보라.

A

Q 그 방법을 생각해냈다면, 가장 빠르게 당신의 일에 적용할 수 있는 때는 언제인가?

A

Q 새로운 방법을 적용하기 위해 당신은 어떤 노력을 할 것인가?

A

함부로
말하고
비난하고
억박지른다

제15장

V

S

주변 사람들을
칭찬하고
격려한다

> **그것도 똑바로 못해?**
> **대체 하루 종일**
> **뭘 한 거야?**

> **말귀 못 알아들어?**
> **다시 해와!**

드라마에 단골로 등장하는 악덕 상사의 대사들이다. 그러나 이런 대사가 드라마에만 존재하는 것은 아니다. 어느덧 우리 사회에서 직장 상사, 동료, 혹은 거래처 직원에게 무례하고 불편한 소리를 들으며 일하는 것은 특별한 일이 아닌 일상이 되었다.

잘못한 일을 잘못했다고 지적하는 행위 자체는 이해한다. 일이 잘되기 위한 비난일 수 있다. 그러나 이해는 하지만 옳다고만은 할 수 없다.

비난만 있고 대안은 없다

실패하는 사람은 주변 사람들을 소중히 다룰 줄 모른다. 일의 진행 과정과 결과물이 좋지 않으면 누군가를 비난하고 윽박지르고 모욕적인 말도 서슴지 않는다. 열정이 넘쳐서 감정이 격해질 수 있고, 일을 잘하고자 하는 마음에 소리를 지를 수도 있다. 그런데 그것도 제대로 된 피드백을 줄 때나 해당하는 말이다.

결과물에 대해서 비난은 하는데 어떻게 고쳐야 한다는 대안은 없다. 대안을 준다는 게 기껏 "모던하면서도 클래식하게 해오세요." 같은 말도 안 되는 이야기를 하는 경우가 많다. 심지어 결과물이 별로라고 이야기하면서, 어디가 어떻게 별로인지 설명하지 않는 경우도 많다.

비난은 하면서 대안을 내놓지 않은 원인은 크게 두 가지로 생각해볼 수 있다. 우선, 명확한 생각을 지닌 상태에서 일을 지시하거나 업무를 분담하지 않고 생각나는 대로 말하는 게 원인일 수 있다. 자신이 바라는 방향이 무엇인지 자신도 모르니 모든 결과가 불만인 것이다. 자신이 무엇을 원하는지 모르니 일단 부정적인 피드백을 하고 본다. 부정적인 피드백을 하는 경우, 무엇이 잘못되었고 어떻게 고쳤으면 좋겠다는 방향성 제시가 필요한데 그게 빠졌다.

방향성 없이 부정적인 피드백을 받은 사람은 기분만 상할 뿐 시간이 지나도 좋은 결과물을 낼 가능성이 극히 낮다. 시간이 흘러가도 결과물은 발전하지 않는다. 이처럼 부정적인 피드백, 대안을 제시하지 못하는 피드백은 팀 전체의 과업을 망치는 결과를 낳는다. 부정적인 피드백을 남발한 사람 역시 좋은 평가를 받을 수 없다. 부하 직원도 자신도 좋은 평가를 받지 못하니 팀워크가 좋을 리 없다. 부하 직원들은 그런 상사 또는 동료에게 등을 돌린다.

두 번째 원인으로, 자신이 생각하고 있는 방향이 있는데도 아무런 힌

트를 주지 않아서다. 이 경우 상대가 자신이 원하는 바를 정확히 알아챌 때까지 괴롭힌다. 머리 싸매고 고민해서 답을 알아내야 발전한다면서 말이다.

그러나 그것은 얼토당토않은 소리다. 고민해서 답을 알아내는 과정에서 사고는 발전할 수 있다. 그러나 남이 생각하는 방향성까지 정확히 알아맞히는 것은 점술사도 아니고 결코 쉬운 일이 아니다. 답을 정해놓고 정답을 맞히라면 더더욱 맞힐 수 없다. 일을 받아서 진행하는 사람도 답답하고, 자신의 생각을 알아채지 못한다고 생각하는 사람 역시 답답하기는 매한가지다. 서로 감정이 격해지기만 할 뿐 진전되는 사항은 없고 시간만 흘러간다. 결국 좋은 결과물이 탄생할 수 없고 팀의 평가를 포함해 모두의 평가는 좋지 않게 된다. 일도 제대로 안 되고, 사람도 잃으니 실패하는 것은 어쩌면 당연하다.

비난은 실력 발휘를 가로막는다

영화 〈위플래쉬Whiplash〉(2015) 이야기를 해보겠다. 독설을 일삼는 교수와 그를 넘어서고 싶은 학생 간의 팽팽한 신경전을 그린 영화다. 분명 수작이지만, 여기서는 밴드를 지도하는 플레처 교수에 초점을 맞춰 이야기하고자 한다. 참고로, '위플래쉬'란 '채찍질'이라는 의미다. 걱정 말라. 영화의 스포일러는 포함하고 있지 않다.

플레처 교수는 대중음악계에서 실력자로 정평이 나 있다. 스파르타를 방불케 하는 그의 지도 방식에 어지간한 사람들은 버티지 못하고 나가떨어진다. 그는 학생들에게 방향성을 알려주기는 하지만, 그 언행이 너무 심각한 수준으로 폭력적이다. 나는 단지 영화를 볼 뿐인데 내가 마치 그의 호통을 듣고 있는 듯 불쾌했다. 영화는 폭발적이고 재밌었지만 결말에 이르러서는 씁쓸함을 감출 수가 없었다. 꼭 저런 방식으로 훈련해야 하는 걸까 하는 의문과 함께 감당할 수 없는 불쾌함이 온몸을 휘감았다.

감당할 수준이라면, 스트레스는 긴장감을 주어 일에 좋은 영향을 미친다. 그러나 심각한 수준으로 비난하고 몰아붙이면 누구라도 위축돼 실력 발휘를 제대로 하지 못한다. 제한 시간 내에 일을 마치지 못하거나 잦은 실수를 하게 된다. 그러면 상사는 또다시 불호령을 내리고 심각한 비난을 퍼붓는다. 비난받은 그 사람은 더 큰 압박감에 좋은 결과물을 내지 못하는 일이 반복된다.

완전히 위축된 상태에서 일을 완벽하게 처리할 수 있는 사람은 흔치 않다. 〈위플래쉬〉에서 주인공 앤드류는 자신을 최악의 방식으로 성장시킨 플레처 교수에 대한 증오심을 놓지 않는다. 설령 지독한 지옥 훈련을 거쳐 실력이 향상되고 최고의 실력자가 될지는 몰라도 도를 넘은 비난과 윽박지름은 결국 마음을 떠나가게 만든다. 비난으로 최고의 실력자를 만들어내는 것도 쉬운 일은 아니지만, 설령 그런 실력자로 성장시켰다 해도 그 사람의 마음은 얻지 못한다.

앞서도 여러 차례 강조했지만, 우리는 팀으로 일해야 하고 좋은 팀을 만드는 것을 제1의 목표로 삼아야 한다. 누군가를 윽박지르고 비난하는 방식으로는 결코 좋은 팀을 만들어낼 수 없다. 대부분은 실력 발휘도 못 하고 도태될 것이다. 그 지옥 같은 환경에서 살아남는 극소수의 사람도 비난하고 윽박지르는 상사를 따르며 존경하는 일은 결코 하지 않을 것이다.

부드러운 방향성 제시의 위력

성공하는 사람은 주변 사람들을 챙길 줄 안다. 다른 사람이 진행하는 결과물에 대해 우선 장점을 칭찬하고, 그 이후 개선할 점을 이야기한다. 이런 방식을 '강점 우선 말하기strong-first feedback 전략'이라고 한다. 여기서 중요한 포인트가 있다. '장점' '단점'이라 하지 않고, '장점' '개선이 필요한 점' 혹은 '개선할 점'으로 말한다는 것이다. 결국, 같은 이야기이지만 부정적인 표현을 최대한 완곡하게 돌려 말함으로써 상대방의 사기를 꺾지 않는 효과를 노리는 것이다.

업무 담당자가 악의를 가지고 일부러 일을 엉망으로 만들지 않는 이상, 결과물에 단점만 가득할 리 없다. 분명 칭찬할 부분도 있을 것이다. 당신도 아기 때는 한두 걸음 걷다가 주저앉아도, 한두 번만 밥을 제대로 받아먹어도 잘했다고 칭찬받지 않았는가? 마찬가지다. 일을 처음 시작하고 경력이 짧으면 실수가 많은 게 당연하다.

일을 그르치겠다고 마음먹은 게 아닌 이상 분명히 잘한 부분이 존재한다. 그런 부분부터 이야기를 시작하라. 자신이 잘한 부분이 있음을 알고 기분이 좋아질 때쯤, 개선이 필요한 영역을 이야기한다.

"이런 부분은 굉장히 좋고, 잘했어. 그런데 이 부분부터는 좀 더 개선

하면 훨씬 좋아질 것 같아."

이 같은 말은 다른 어떤 결과물에 관한 논의에서도 똑같이 적용할 수 있다. 여기에 명확한 방향성을 얹어주면 더욱 좋다. 시간 여유가 있다면 업무 담당자의 의도를 들어보고 추후 진행에 관해 함께 조율해나가는 것이 가장 좋다. 직장 상사라고 해서 모든 것을 아는 전지전능한 사람은 아니기 때문이다.

함께 머리를 맞대고 이야기하다 보면 더 나은 방안이 도출되는 경우가 매우 많다. 일방적인 지시가 아닌 토론으로 함께 문제를 더 잘 해결해보겠다는 팀워크가 훨씬 중요한 이유다. 업무 담당자의 이야기를 어느 정도 들어보았다면, 상사는 상세한 방향성을 제시해주고 다음 스텝을 이야기하는 것이 좋다. 그럼 담당자는 다음번에 논의할 때 훨씬 더 발전된 결과물을 가지고 올 것이다.

이런 긍정적인 방식은 당사자에게 자신이 인정받고 있고, 존중받고 있다는 느낌을 준다. 자신을 인정해주는 사람과 함께 일하면 자연스레 더욱 최선을 다하고 더 잘하려는 마음가짐을 지니게 된다. 그게 사람의 심리다. 비록 처음에는 다소 부족해 보일지라도 시간이 지날수록 분명 발전할 것이다. 그 사람뿐만 아니라, 그 팀도 동반으로 상승해 한 단계 더 높이 올라갈 것이다.

칭찬과 격려는 믿음에서 비롯된다

칭찬하고 격려하는 사람의 내면엔 '모든 사람이 선의로 최선을 다할 것'이라는 믿음이 있다. 상사 또는 동료가 당신에게 싫은 소리를 하지 않고 주로 칭찬과 격려로 업무 이야기를 한다면, 당신은 더욱 최선을 다해서 좋은 결과를 내야 한다.

간혹 친절하게 잘 대해주는 상사나 동료를 만만하게 보는 사람들이 있다. '저 사람은 화내지 않으니까' '저 사람은 언제나 좋은 말만 해주니까'라고 생각하며 불량한 태도를 보인다. 그러나 상대는 바보가 아니다. 내가 제멋대로 굴어도 그 사람은 영원히 친절을 베풀 거라고 착각하다가 그의 달라진 태도에 당황하지 말라. 그는 둔하고 물러터져서가 아니라, 당신을 믿었기에 칭찬하고 격려한 것이다. 당신이 그 점을 악용해 계속 나태하게 군다면 그의 인내심은 바닥이 나고 당신에 대한 태도를 바꿀 것이다. 착하고 무른 사람은 상대가 어떤 태도를 보이더라도 자신의 태도를 바꾸지 않지만, 친절한 사람은 상대가 상식을 지키고 신의를 깨지 않는 선에서만 친절할 뿐임을 기억하라.

지금까지 주로 업무를 지시하는 상사와 그 지시를 받는 부하 직원의 관계를 살펴보았다. 그러나 직장 내에서 상사와 부하 직원 못지않게 동료와의 관계도 매우 중요하다. 아니, 동등한 관계에서 협력해야 하는 경우가 훨씬 많을 수 있다.

동료 사이에서 상호 존중은 더욱 필요한 가치다. 왜냐하면 동등한 관계에서는 상대가 일방적으로 내 지시를 받아야 할 의무가 없고, 의견 충돌이 있을 때 무작정 짜증을 내거나 비난하는 모습을 참을 사람도 없기 때문이다. 따라서 동등한 관계에서 서로 의견을 조율할 때는 무엇보다 존중하는 태도가 우선시돼야 한다.

막연한 칭찬은 경계하라

나는 "매사 감사하라."라는 말에 동의하지 않는다. 감사할 만한 일에 감사하는 것이 맞다고 생각한다. 길거리를 지나는데 누군가가 느닷없이 내 뺨을 때렸는데도 '감사하다'고 생각하는 건 위선에 가깝다. 특정한 감정은 상황에 따라 자연스럽게 발현되는 것이지, 억지로 자아내는 게 아니다. 누군가가 내 뺨을 때렸다면 그것은 분노할 상황이지 감사할 상황이 아니다.

협업을 하는 경우도 마찬가지다. 업무에 비협조적이거나 엉터리로 일을 처리하는 것이 반복될 때, 고의로 일을 열심히 하지 않는 것이 분명할 때는 그 그릇된 태도를 지적하고 개선할 수 있게끔 해야 한다. 그런데도 끝까지 불성실하게 나올 경우는 그 사람과의 협업을 중단하는 강수를 두는 것이 맞다.

내가 대학생 때의 일이다. 일곱 명이 모여 팀 과제를 수행해야 했다. 주어진 과제는 팀이 프로그램을 만들고 50쪽에 달하는 논문을 작성해서 제출하는 것이었다. 당연히 일곱 명 모두의 힘을 합쳐서 최선을 다해야만 수행할 수 있는 높은 난도의 과제였다.

그런데 우리 팀 중 두 명이 처음부터 조 모임에 나타나지 않았다. 아무리 연락을 해도 연락이 되지 않고 일부러 피하는 것만 같았다. 거기까지는 그래도 참고 남은 다섯 명이 팀 과제를 꾸려가기로 했다. 팀 과제가 마무리될 즈음에 별안간 그 두 명이 연락을 해왔다. 이번에 반드시 졸업해야 하는데 바빠서 참여하기는 어렵고 대신 돈을 주겠다는 것이다.

어째 그리 무례한 말을 할 수가! 우리 다섯 명은 "우리가 팀 과제에 투입한 시간만큼 우리 각자에게 과외 시급 수준으로 돈을 줄 게 아니라면 거절한다."라고 말하고 전화를 끊었다.

드디어 팀 프로젝트 발표날. 원래 우리 팀명은 일곱 명이라서 세븐 Seven이었다. 발표자로 나선 나는 일곱 명의 이름을 세로로 정렬해서는 "7-2=5"라 소개하고 "저희 팀의 이름은 파이브Five입니다."라면서 불성실했던 두 명의 이름을 PPT 애니메이션 효과로 지워버리는 퍼포먼스를 선보였다. 그 두 명은 팀 과제에 전혀 참여하지 않았기에 팀별 과제 점수를 0점 처리해달라는 말도 당시 참관하던 교수님에게 덧붙였다.

협업 관계에서 누군가가 불성실한 태도를 보였다면 그에 따른 적절한 조치가 이뤄져야 한다. 좋은 말을 하고 어르고 달래는 것도 한계가 있다. 이런 상황에서 '매사 감사'는 안 되는 것 아닌가? 어떤 일이든 당사자들이 신의 성실하게 최선을 다할 것이라는 전제로 진행해야 한다. 그 원칙을 어긴 사람은 그에 합당한 대가를 받아야 한다. 그래야 함께 일하는 다른 사람들도 원칙을 믿고 신의 성실로 일에 임할 수 있다.

성공하는 사람은 옳고 그름을 판별할 줄 알고 그에 따라 합당한 조치를 취한다. 둘이서 일하는 경우라면 상대방의 불성실한 태도에 나만 손해 보는 것으로 끝나지만, 셋 이상이 함께 일하는 경우엔 한 사람의 불성실한 태도가 셋 모두에게 손해를 끼치므로 옳고 그름에 대한 조치가 더욱 필요하다. **팀 성원을 격려하고 칭찬하는 것은 그 또한 성실하고 진지하게 팀으로 일할 때로 한정한다.** 그래야 나뿐만 아니라 팀 전체의 동반 성장과 성공을 꿈꿀 수 있다.

제15장 ⁄ 당신의 유형은?

체크 표시(✔) 하시오.

Fatal Failure ☐　　　　Super Success ☐

사람들에게 함부로 말하고 윽박지른다.　　**주변 사람들을 칭찬하고 격려한다.**

직급이 낮고 사회적 지위가 낮아 보이는 사람에게 함부로 대한다. 딱히 대안도 없으면서 결과물을 비난하고 강압적인 방법으로 상대를 몰아세운다. 자신이 뭘 원히는지 정확히 모르고, 설사 원하는 게 있어도 말하지 않고 상대가 자신이 원하는 것을 알아맞힐 때까지 괴롭힌다.

주변 사람들을 함부로 대하지 않고 존중한다. 업무를 지시할 때는 명확한 방향성을 제시하고 강점 우선 말하기 방법을 사용해 상대방의 사기를 올려준다. 칭찬할 사람에겐 아낌없이 칭찬을 하고 불성실한 사람에겐 그에 합당한 조치를 취한다.

당신의 슈퍼 성공을 위한 아이템!
Action Items for Super Success

Q 업무 지시를 내리면서 명확한 방향성을 제시하지 못한 적이 있는가?
구체적으로 어떤 상황인지 적어보라.

A

Q 업무 결과물을 보고 부하 직원 또는 동료에게 비난하고 윽박지른 적이
있는가? 있다면 어떤 상황인지 적어보라.

A

Q 상대가 성실하게 임했지만, 가져온 업무 결과물이 만족스럽지 못해 단점
만 부각해서 피드백을 준 적이 있는가? 있다면 어떤 상황인지 적어보라.

A

Q 업무에서 당신은 주로 비난하고 호통치는 사람인가, 아니면 칭찬과 격
려로 대하는 편인가?

A

Q 만약 칭찬과 격려로 동료나 부하 직원을 대한다면, 성실하지 않은 사람
에게도 나쁜 사람이 되고 싶지 않아서 좋은 말만 한 것은 아닌가? 잘 생
각해보고 개선할 점을 적어보라.

A

좋은 건 혼자만 알고 있으려 한다

제16장

V

S

정보, 재능,
아이디어를
남과 공유한다

> **싫어! 비밀이야. 네가
> 내 아이디어 가로채면
> 어떡해?**

> **다른 회사가 우리 제품
> 따라 만들면 어떡해?**

누구나 한 번쯤 세상을 뒤흔들 것만 같은 대박 아이디어가 떠오른다. 이 아이디어를 실행하기만 하면 엄청난 주목을 받고 막대한 부를 손에 쥘 것이라는 기대에 부푼다. 여기까지는 성공하는 사람이든 실패하는 사람이든 비슷하다. 그런데 실패하는 사람은 그런 아이디어를 남과 공유하지 않으려고 꽁꽁 숨기고, 성공하는 사람은 좋은 아이디어를 기꺼이 주변 사람들과 공유한다. 왠지 그 반대가 맞을 것 같은가?

세상을 바꿀 만한 아이디어를 남에게 함부로 알려줘도 괜찮을까? 아니 괜찮은 정도가 아니라 그래야 성공한다니 맞는 말일까? 누군가 내 아이디어를 가로채서 엄청난 부자가 된다면 난 너무 억울하지 않을까?

한편으로는 안타깝고, 한편으로는 다행스럽게도 내 아이디어로 상대방이 막대한 부를 창출할 가능성은 낮다. 아니 없다고 해도 좋다. 이유는 다음과 같다.

좋은 아이디어도 허점이 있기 마련이다

"이건 말도 안 되는 기막힌 아이디어야!"라고 당신이 외치는 순간 이미 똑같은 생각, 그 비슷한 생각을 한 사람이 지구상에 정말 없을까? "사람의 생각은 거기서 거기다."라는 말은 진리다. 내 생각만 기가 막히고 독특할 거라는 기대는 아예 버리라.

그런데도 당신의 아이디어가 지구상에 존재하지 않는 전혀 새로운 것이라고 가정해보자. 그럼 이렇게 생각해보아야 한다. 왜 그 아이디어는 지금까지 지구상에 구현되지 않은 걸까? 다음 세 가지 정도로 이유를 생각해볼 수 있다. 첫째 지구상에 이미 구현되어서 많은 영향력을 미치고 있는데 내가 모르고 있다. 둘째 지구상에 구현되었지만 그 영향력이 극히 미미해서 알 방법이 없다. 셋째 한때 구현되었지만 괜찮은 아이디어가 아닌 것으로 판명되었기에 사멸했다.

수십억 인구가 살아가는 지구에서 아직도 존재하지 않는 제품이나 서비스라면 그럴 만한 이유가 있다. 세상을 바꾸어버릴 굉장히 새롭고 독창적인 아이디어를 나 혼자 가지고 있다고 생각하지만 안타깝게도 그것은 착각이다. 그런 아이디어는 이미 다른 사람이 구현했거나, 구현했지만 허점이 많은 아이디어여서 실패했을 가능성이 높다. 거의 100% 그렇다.

당신의 아이디어를 혼자만 꽁꽁 감추어둘 필요가 없다. 그 아이디어가 좋은 것이라는 보장이 없다. 게다가 **아이디어의 주인은 그것을 생각해 낸 사람이 아니라, 그것을 제품이나 서비스로 구현한 사람이다.** 예를 들어, 당신의 아이디어가 바늘구멍보다 작은 확률로 세상을 바꿀 만한 엄청나게 대단한 것이라고 가정해보자. 자, 그래서 어떻게 할 것인가? 어서 세상을 바꾸기 위해 그 아이디어를 구현해보라. 아마, 못 할 것이다.

아이디어는 그 자체로 아무 의미가 없다. 아이디어를 가지고 어떤 결과물이든 만들어내야 비로소 의미가 있다. 이렇게 생각해보자. 조금만 찾아보면 방법이 다 나와 있는 다이어트도 성공하는 사람은 극히 드물다. 왜 그럴까? 생각과 실행의 차이가 결코 작지 않기 때문이다.

머릿속으로 생각하는 성공의 길과 실제의 길은 엄연히 다르다. 이 주제는 사례를 들어 좀 더 살펴보자. 다음은 대부분이 알고 있는 대중적인 서비스의 창업자 이야기이다.

"저는 어떤 서비스의 창업자예요. 처음 창업했을 때 정말 신났던 기억이 납니다. 제품에 대한 온갖 아이디어들을 구상하느라 시간 가는 줄 몰랐죠. 하지만 나중에 깨달았어요. 회사라는 건 제품 개발 50%와 그 외 수많은 잡무 50%로 세워진다는 것을요.

은행 계좌, 보험, 있는 줄도 몰랐던 각종 세금, 브라질 출신의 공동 창업자가 미국에서 일할 수 있도록 샌프란시스코 시청 지하에서 작성해야 하는 서류 등등. 제품에 관한 멋진 아이디어만으론 부족해요. 그것과 전혀 상관없는 잡무에 에너지를 투자해야 해요.

저는 사람들이 창업에 뛰어들기 전에 이 사실을 기억했으면 해요. 회사를 세운다는 건, 단지 제품을 만드는 게 아니랍니다. 그 과정을 견뎌내는 사람이 결국 진정으로 새로운 무언가를 만드는 겁니다."

이는 전 세계에서 파급력 있는 소셜 미디어 중 하나인 인스타그램Instagram 창업자 케빈 시스트롬Kevin York Systrom이 한 말이다. 그의 말처럼, 원하는 일을 해내기 위해서는 그 일과 직접 관련 없는 일을 하는 시간이 필요하다.

[그림 11] 인스타그램 창업자
케빈 시스트롬. 1983년 미국 출생

당신의 아이디어에 사업자등록을 하고, 사무실을 구하고, 외국인 동료를 위한 비자를 받고, 쓰레기를 치우고, 사무실 청소를 하고, 세금 문제를 해결하려고 세무 서적을 뒤적이는 일이 포함되어 있는가? 그렇지 않을 것이다. 그러나 이런 일들은 아이디어를 현실화하는 데 반드시 필요한 작업이다. 물론 그것도 번거로운 일이지만, 당신이 생각한 아이디어를 현실로 만드는 일은 또 다른 수준으로 어려운 일이다.

"살을 빼겠다."는 아이디어는 얼마나 간단하고 쉬운가? 그러나 그 일을 실제로 해내는 사람은 극소수에 불과하다. 당신이 생각한 아이디어가 아무리 환상적이라 해도, 그 아이디어의 주인은 당신이 아니라 그것을 현실로 구현해내 결과물을 만들어낸 사람인 이유이다.

한때는 나도 그랬다. 멋진 아이디어가 떠오르면 "이 아이디어를 괜히 남에게 이야기했다가 그 사람이 나보다 먼저 성공해버리면 어떡하지?"라는 걱정에 아이디어를 꽁꽁 숨겨두었다. 그러나 지금은 좋은 아이디어가 있으면 지인이나 직장 동료에게 이야기한다. 그러면서 이 말을 꼭 덧붙인다.

"이 아이디어 가져가서 실행할 수 있으면 해봐요. 그렇게 실행해서 성공하면 아이디어의 주인은 내가 아니라 실행한 당신이죠. 그때 고마우면 나한테 밥이나 한 끼 사주세요."

실제로 그렇다. 아무리 뛰어난 아이디어라 해도 그것을 실행하고 결과물을 내고, 그것으로 성공에 이르는 일은 완전히 다른 차원의 이야기다.

좋은 아이디어를 홀로 실행하기는 버겁다

바늘구멍보다 더 작은 확률을 뚫고 당신이 세상 최고의 아이디어를 생각해냈고, 실제 결과물을 만들기 위한 작업에도 착수했다면 어떨까? 그렇다 해도 또 다른 난관이 기다리고 있을 것이다.

일단, 혼자 힘으로 할 수 있는 일의 가짓수는 제한적이다. 같은 일도 혼자서는 여럿이 할 때보다 훨씬 오래 걸린다. 번쩍이는 아이디어는 보통 트렌드와 관련된 경우가 많아서 빠르게 결과물이 나와야 하는데 혼자 힘으로는 그게 어렵다. 그래서 끝까지 결과물을 내지 못하고 흐지부지되는 경우가 부지기수다. 이래서는 아무리 좋은 아이디어도 의미가 없다.

아이디어를 혼자서만 꽁꽁 감추고 있는 건 정말 어리석은 일이고, 실패하는 길이다. 정말로 좋은 아이디어를 가지고 있다면 팀을 이뤄서 차근차근 실행해나가야 한다. 지금 당신에게 멋진 아이디어가 있다면 당장 주변에 마음 맞는 사람, 좋아하는 사람들과 공유하라.

아이디어의 상승 작용, 토론

성공하는 사람들은 자신이 알고 있는 좋은 소식, 뛰어난 아이디어, 정보 등을 주변 사람들에게 기꺼이 공유한다. 이들은 아이디어를 빼앗길까 봐 걱정하지 않는 걸까?

그렇다. 그들은 아이디어를 빼앗길까 봐 걱정하지 않는 것은 물론이고, 그 아이디어를 공개함으로써 다양한 사람의 의견을 듣고 토론하기를 즐긴다. 왜 그럴까? 여러 사람이 머리를 맞대면 더 나은 해답이 나오기에 그렇다.

"백지장도 맞들면 낫다."라는 속담이 있다. 아무리 가벼운 종이 한 장도 혼자 드는 것보다 여러 사람이 들면 훨씬 가벼워지는 법이다. 하물며 생각만 하는 것을 실제 제품이나 서비스로 구현해내는 그 어려운 일을 어찌 혼자 감당할 수 있겠는가?

한 사람이 생각해낸 아이디어가 처음부터 완벽하기란 결코 쉽지 않다. 다른 사람의 지식, 상식, 그리고 전문성이 덧붙여지면 아이디어는 더욱 체계를 갖추고 구체화되면서 실현에 한 발자국 더 가까이 다가간다. 여러 사람이 머리를 맞대고 토론해야 하는 이유가 거기에 있다.

여러 사람이 이야기하다 보면 완벽해 보였던 아이디어에서도 보완할 점이 속속 발견된다. 막연했던 생각은 점점 모양새를 갖추고 정교해진다. 반대로 별거 아니라고 생각했던 아이디어도 여러 사람의 의견을 거쳐 조율되면서 멋진 결과물로 탄생하기도 한다. 이처럼 아이디어는 비록 한 사람의 머리에서 태어났어도 여러 사람의 머리를 거쳐야 완벽해질 가능성이 높다. 거기서 토론은 불가피한 과정이다.

번뜩이는 아이디어만으로는 무언가를 이루었다고 결코 말할 수 없다. 최초의 아이디어가 좀 더 정밀하고 치밀한 계획으로 바뀌고 무수한 방해 요인과 귀찮은 일을 극복한 끝에, 체계적인 과정에 따라 결과물을 내놓고 성공적인 결과를 받아 안았을 때 비로소 무언가를 이루었다고 말할 수 있을 것이다.

그 복잡한 과정에서 홀로 모든 것을 떠안는 것은 당연히 어리석은 일이고 실패로 가는 지름길이다. **실패하는 사람은 자기 혼자 다 할 수 있다고 생각하지만, 성공하는 사람은 본인의 실력이 나쁘지 않은데도 주변에 실력과 열린 마음을 두루 갖춘 사람을 항상 찾아다닌다.** 좋은 아이디어를 실현하기 위해 늘 토론할 준비가 된 마음에 맞는 사람들 말이다. 그리고 기회가 오면 그들과 팀을 이뤄 공동의 목표를 향해 나아간다. 아이디어를 발전시키기 위해 치열한 토론을 두려워하지 않는 그들의 발걸음은 필시 성공을 향할 것이다.

눈앞의 이익에 눈이 멀다

세상을 바꿀 것만 같은 대단한 아이디어가 아니더라도 성공한 사람과 실패하는 사람은 확연한 차이를 보인다. 실패하는 사람은 평범한 아이디어조차 남과 공유하려 하지 않는다. 남이 그 아이디어로 엄청난 성공과 부를 누릴까 봐 걱정과 질투에 사로잡혀서이기도 하지만, 그 아이디어를 자기 혼자만 사용하고 싶고, 그 공을 온전히 자기 혼자만의 것으로 돌리고 싶은 욕구가 강해서 그렇다.

실패하는 사람은 우연히 알게 된 좋은 정보도 혼자만 알고 그 이익을 혼자만 독차지하려는 마음이 크다. 좋은 정보와 아이디어를 경쟁사 직원에게 굳이 알릴 필요는 없지만, 적어도 함께 일하는 동료들에게는 알려야 한다. 팀 전체의 성과를 올리는 것이 개인의 성과에 집착하는 것보다 훨씬 더 이익이 크다는 점은 앞서도 이야기했다.

실패하는 사람은 자기 성과 내는 데만 열을 올리지 팀 전체의 성과에는 무관심하다. 오히려 동료들의 성공을 막기도 한다. 조금만 생각해보면 그게 얼마나 바보 같은 태도인지 알 수 있는데도 말이다. 내가 빛나기 위해서는 적어도 내가 속한 집단이 빛나야 한다. 회사가 빛나고 우리 부서가 빛나고 우리 팀이 빛나야 한다. 혼자만 빛나겠다는 이기적인 생각으로 좋은 정보와 아이디어를 공유하지 않으면, 팀 전체의 성과는 자연스레 저조해진다. 이런 현상이 회사 전체에 만연한 문화가 된다면, 회사는 존폐의 기로에 서게 될지도 모른다.

팀이 망가지고 회사의 운이 기울었는데 혼자만 좋은 성과를 내서 뭘 하겠는가? 자기 이익만 챙기고 남의 공을 가로채려 들며, 자기가 알게 된 정보를 공유하지 않는 것은 단기적으로 자신의 성과를 올리는 데는 도움이 될 수 있다. 그러나 그것은 공동체 전체를 망가뜨리는 이기적인 행동이다. 당신이 속한 공동체가 엉망이 되면 당신이 아무리 잘난 사람이라 하더라도 아무도 당신의 가치를 알아주지 않는다. 폐허가 된 곳에서 혼자 살아남은 사람을 곱게 봐줄 멀쩡한 사람은 없다.

아낌없이 주는 나무는 아낌없이 받는다

정기적으로 팀원들의 의견을 공유하고 듣는 문화는 팀원 전체의 지식 수준을 향상하는 데 아주 좋다. 조직 생활에 관해, 업무에 관해 서로 격 없이 의견을 내놓고 논의하는 문화가 정착되면 그 팀의 수준은 전체적으로 높아진다. 게다가 내가 알고 있는 지식을 동료들에게 공유하면, 동료들도 자연스레 그들이 알고 있는 새로운 지식이나 트렌드 등을 나와 공유할 것이다.

사람의 시간은 한정적이므로 직접 경험으로 지식을 얻는 데는 한계가 있다. 책 같은 매체에서 간접 경험으로 얻는 것도 많지만, 옆에 있는 동료가 전해주는 생생한 경험담에서 얻는 지식과 통찰력은 책에서는 얻기 어려울 때가 많다. 이처럼 동료들끼리 서로 도와가며 좋은 아이디어를 공유하면 언젠가 위대한 생각이 탄생할 수도 있다.

아이디어를 전체 공개함으로써 긍정적인 효과를 낸 대표적인 사례로 리눅스Linux의 오 픈 소스 정책을 꼽을 수 있다. 리눅스는 컴퓨 터 운영 체제OS: operating system의 하나로 소스 코

[그림 12] 리눅스를 상징하는 캐릭터

드를 완전 무료로 공개한다.

PC나 모바일 기기를 작동시키기 위해서는 운영 체제가 필수적이다. 마이크로소프트의 윈도우즈^{Windows}, 애플의 맥OS, 휴대전화용 iOS나 안드로이드 등이 그런 운영 체제에 속한다. 운영 체제는 대부분 유료다.

리눅스의 원조 격인 유닉스^{UNIX}도 유료 운영 체제였다. 그런데 1989년 핀란드 헬싱키대학에 재학 중이던 리누스 토르발스$^{Linus\ Torvalds}$가 유닉스를 기반으로 공개용 운영 체제를 개발했는데, 그것이 바로 리눅스였다. 1991년 11월 버전 0.02가 일반에 공개되면서 리눅스는 확대 보급되기 시작했다.

처음의 리눅스는 공개 소프트웨어였던 만큼 유료로 판매하는 OS 대비 정교함이 떨어진다는 평가를 받았다. 그러나 시간이 지날수록 상황은 달라졌다. 왜냐하면 프로그램을 만드는 데 사용된 소스 코드가 완전 무료로 공개됨으로써 전 세계적으로 수백만 명이 넘는 프로그램 개발자 그룹이 형성되었기 때문이다.

리눅스는 이들 프로그램 개발자들에 의해 '다수를 위한 공개'라는 원칙하에 지속적으로 업그레이드되고 있다. 새로운 기능을 추가할 때 어떤 플랫폼에든 바로 설치해 작동할 수 있었기에 가능한 일이었다. 무료와 공개 원칙이 없었다면 이런 성과는 결코 없었을 것이다.

최근 프로그램 개발에서도 이와 비슷한 방식이 사용되고 있다. 바로 외부 API$^{Application\ Program\ Interface}$를 활용해서 자신의 프로그램을 만드는 방식이다. API란 프로그램과 프로그램을 연결하는 매개체를 말한다. API

로 프로그램을 만드는 일은 간단히 말해, 조립 PC를 제작하는 과정과 비슷하다. PC를 조립할 때 PC에 들어가는 부품, 즉 CPU(중앙처리장치)와 RAM(주기억장치) 등을 사서 조립만 하면 된다. 우리가 직접 CPU를 만들거나 RAM을 만들 필요가 없다.

마찬가지로 프로그램도 이미 개발된 프로그램들을 엮어서 새로운 프로그램을 만들어낼 수 있다. 이런 방식을 매시업mash-up이라 하는데, 대표적인 것으로 구글의 하우징 맵스 서비스가 있다. 하우징 맵스 서비스란 구글맵에 부동산 매물 정보를 결합해 지역 및 가격대별 부동산 매물을 검색할 수 있게 하는 서비스다.

현재 다양한 소프트웨어 기업들이 자신들의 프로그램을 API 방식으로 제공하고 있다. 좀 더 나은 서비스, 좀 더 정교한 프로그램이 개발될 수 있도록 하는 것이다. 물론 모든 API가 무료로 제공되는 것은 아니며, 일부 API는 유료로 공급되지만 개발자는 그 대가로 개발의 편의를 얻는다. API 방식이 아니었다면 전 세계의 정보통신기술IT이 지금 수준으로 발전하기는 어려웠을 것이다.

당신이 생각해낸 아이디어는 당신의 품 안에 꽁꽁 숨겨두어야 할 것 같은가? 그것은 짧고 편협한 생각이다. 그 아이디어를 공개해 더욱 정교하게 가다듬고 가급적 빨리 제품으로 구현해낸다면, 그 아이디어를 낸 당신은 더욱 빛이 날 것이다.

지금 위대하다고 생각하는 그 아이디어를 옆 동료에게 이야기해보라. 여전히 그 아이디어를 뺏길까 봐 두렵다면, 어디 한번 그 아이디어를 혼자서 끝까지 밀고 나가보라. 정말 그 아이디어가 처음 생각한 대로 세상을 바꿀 만한 아이디어인가?

당신 혼자 무수한 시행착오를 겪으며 아까운 시간을 낭비할 필요가 없다. 한시라도 빨리 당신의 아이디어를 주변 사람들과 공유하라. 그때 비로소 당신은 성공할 수 있다. 누누이 이야기하지만, 성공은 나 혼자 잘나서 이룰 수 있는 게 아니라, 동반 성장으로만 이룰 수 있는 것이다.

제16장 , 당신의 유형은?

체크 표시(✔) 하시오.

Fatal Failure ☐   Super Success ☐

좋은 건 혼자만 알고 있으려 한다.   **정보와 아이디어를 주변 사람과 공유한다.**

문득 떠오른 근사한 아이디어나 정보를 혼자만 알고 있으려 한다. 남들이 나보다 먼저 성공할까 봐 걱정돼서 공개하지 못하면서도, 정작 자신은 그 아이디어를 실현해내지 못하고 그저 숨겨만 둔다. 혼자만 스포트라이트를 받으려는 욕망이 크다.

자신이 알고 있는 정보, 지식, 뛰어난 아이디어를 주변에 공유한다. 주변 사람들과 토론함으로써 그 아이디어를 발전시킨다. 아이디어를 빠른 속도로 제품화, 서비스화한다. 좋은 것을 공유한다는 점에서 평판에서도 후한 점수를 얻는다.

당신의 슈퍼 성공을 위한 아이템!
Action Items for Super Success

Q 지금 당신은 혼자만 몰래 숨겨둔 아이디어가 있는가? 있다면 적어보라.

A

Q 그 아이디어를 주변 동료에게 이야기해본 적이 있는가? 없다면 왜 그런지 이유를 적어보라.

A

Q 그 아이디어는 동료에게 이야기한 뒤 당신이 처음 생각해낸 것과 달라졌나? 그랬다면 어떻게 달라졌는지 적어보라.

A

작은 저항에도 쉽게 포기한다

제17장

V

S

시작했으면
어떻게든
완결한다

> **아, 난 역시 안 돼.
> 그럼 그렇지 내가 될
> 리가 있나….**

> **아, 저는 못 하겠어요.
> 그만둘래요.**

나는 2019년에 《행동의 완결》이라는 책을 출간했다. 일의 결과를 성공과 실패로 나누지 않고 완결과 미완결로 나누어야 한다는 내용을 담았다. 우리가 지금까지 실패라고 생각해왔던 많은 일은 사실 실패가 아니라 미완결임을 강조하고자 했다. 우리가 성공하려면 우선 완결부터 해야 한다. 완결하지 않은 성공은 세상에 존재하지 않으며 대부분 실패라고 생각하는 일은 실패 근처에도 가지 못하는 경우가 많다.

마치 '기다렸다는 듯' 포기한다

실패하는 사람들의 공통적인 특징이 있다. 작은 저항만 나타나도 마치 기다렸다는 듯이 일을 포기한다는 것이다. '기다렸다는 듯'이라는 표현이 이렇게 적절할 수 없다. 결과물을 정교하게 만들려면 토론과 챌린지(상대방의 결과물에 대해 던지는 합리적인 문제 제기)가 필수인데, 실패하는 사람들은 챌린지에 부딪히면 거기서 포기해버리고 만다.

"아, 저는 그 일 못 하겠어요."

이런 반응에 함께 일하는 사람들은 당황스러울 수밖에 없다. 그 성원이 해줘야 할 몫이 있는데, 갑자기 못 하겠다고 손을 떼어버리니 난감하기 짝이 없다. 남은 사람은 그 구멍을 메꾸기 위해 더 많은 노력을 들여야 하고, 포기한 그 성원은 함께 일하고 싶지 않은 사람으로 낙인찍히게 된다.

혼자서 진행하는 일도 마찬가지다. 우리가 대표적으로 새해가 되면 결심하는 금주, 금연, 다이어트 같은 일이 그렇다. 그런 일들은 단골 결심 메뉴이면서 단골 실패 메뉴이다. 결심한 일이 결국 실패로 끝나는 이유는 과한 목표 설정(한 달 안에 20kg을 빼겠다; 지금 이 시간 이후로 술을 한 방울도 마시지 않겠다.), 과도한 계획(하루 5시간씩 운동하겠다; 6시 이후로는 아무것도 안 먹겠다.), 자기 자신에 대한 평가 오류(내가 안 해서 그렇지 마음만 먹으면 20kg는 금방 뺄 수 있어; 마음만 먹으면 오늘 당장 금연할 수 있어.) 등 다양한 것이 있을 수 있다.

달성 가능한 목표를 세우고, 지킬 만한 계획을 작성하고, 그 계획을 반드시 지키는 일 모두가 중요하다. 그런데 이보다 더 중요한 것은 실수했을 때, 혹은 계획대로 진행하지 못했을 때 주춤하지 않고 "그럴 수도 있지."라며 계속 정진하는 것이다. 실패하는 사람들은 이 과정에서 "아, 난 역시 안 돼."라며 포기해버린다. 마치 포기할 핑곗거리를 계속 찾아 헤맨 사람 같다는 생각마저 들 정도다.

예를 들어, 어떤 사람이 다이어트를 결심하고 일주일에 한 번만 고칼로리 음식을 먹겠다고 다짐했다. 이 사람은 수요일에 고칼로리의 맛있는 음식을 먹을 기회를 사용했는데, 아뿔싸! 갑자기 목요일에 회사 회식이 잡힌 게 아닌가? 회사 회식에는 빠질 수가 없는 상황이라 그는 목요일에도 고칼로리 음식을 먹었다.

실패하는 사람들은 이 지점에서 "아 망했네. 몰라, 먹어 먹어!" 이러면서 다이어트를 포기해버린다. 이런 식으로 다이어트가 될 리 없다. 성공하는 사람들은 다르다. "아, 어쩔 수 없이 이번 주에는 두 번이나 고칼로리 식사를 해버렸네. 하지만 다음 주부터는 꼭 한 번만 고칼로리 식사를 하자."라고 마음을 먹는다. 어떤 일이 있어도 다이어트를 포기하지 않고 이어나간다.

완결을 위한 안전장치

나는 실제로 운동 마니아이기도 한데, 다이어트를 할 때 운동으로 소모할 하루 칼로리를 비교적 정해두는 편이다. 올해는 운동으로 소모할 하루 칼로리를 1,000㎉로 정했다. 그러나 날마다 운동할 수 있는 여건이 허락되는 것은 아니다. 중요한 업무 미팅이 종일 있을 수도 있고 지인을 만나 오랜 시간을 보낼 수도 있다. 운동보다 더 중요한 일이 있는데도 그것을 미루면서까지 운동하는 건 아니라고 본다. 그 정도라면 운동 중독을 의심해봐야 한다. 아무튼, 운동으로 하루에 1,000㎉를 소비하겠다는 목표를 달성하지 못할 때도 있기 마련인데 그렇다고 해서 운동과 다이어트를 포기하지는 않는다.

나는 여기에 두 가지 안전장치를 준비했다. 첫째, 다이어트 기간 중 운동으로 소모할 칼로리를 "일주일 기준으로 평균 일일 1,000㎉ 소모"로 정했다. 즉 1,000㎉ 소모를 달성하지 못하는 날이 있더라도, 다음 날 좀더 많이 운동해서 평균을 맞추면 된다. 둘째, 일주일 동안 달성하지 못한 칼로리가 남았다면, 다음 주로 이월해서 채우기로 했다.

두 번째 방식을 사용하면 어느 날 혹은 어느 주 다소 부족한 결과를 냈다 해도 그다음에 열심히 하면 목표 달성에는 문제가 없게 된다. "난 안되나 봐."라며 어떻게든 빠져나갈 구멍을 찾는 이들에게 이것은 매우 효과적인 방법이다. 나는 이 방법으로 8주간 10kg을 감량했다(물론, 식단 관리도 어느 정도 병행했다).

기다렸다는 듯 포기하는 습관을 버려야 한다. 일하는 모든 과정이 계획대로 매끄럽게, 순탄하게 진행될 수는 없다. 그건 이상일 뿐 현실은 그렇지 않다. 당연히 도중에 크고 작은 장애물을 만나고 넘어지고 삐끗하고 다칠 수 있다. 그런 순간을 극복하지 않으면 어떤 일도 완결할 수 없고 성공은 꿈도 못 꾼다. 늘 다시 시작하겠다는 마음가짐이 필요하다.

매일 하는 일, 주기적으로 하는 일에서 그런 마음가짐은 더더욱 중요하다. 한두 번 빠지다 보면, 아예 다시 시작할 마음조차 가지지 않고 슬그머니 포기한다. 그것은 습관이 되고 관성이 된다. 그런 관성이 생긴 사람은 어떤 일도 마무리를 짓지 못한다. 그것은 미완결이고 미완결은 실패 축에도 못 낀다.

완결과 미완결은 관성이다. 완결하는 경험이 쌓이는 사람은 새로운 일을 마주할 때 완결할 수 있다고 믿고, 미완결이 쌓인 사람은 "내가 과연 할 수 있을까?" 하는 두려움에 휩싸인다. "어떤 일이 있더라도 완결하겠다."는 마음가짐이 차차 쌓여 위대한 일을 이루는 주춧돌이 된다.

작지만 좋은 습관을 만들라

한 영화감독의 일화에서 완결의 중요성을 곱씹어보자.

"구로사와 아키라. 그는 나의 스승이었다."

이 말이 여러 사람의 입으로부터 나왔다면, 그런 사실만으로도 '구로사와 아키라'라는 사람은 많은 사람에게 영향을 미친 감독이라고 짐작할 수 있다. 심지어 그 말을 한 사람이 평범한 영화팬이 아니라 스티븐 스필버그, 마틴 스코세이지, 클린트 이스트우드, 그리고 〈스타워즈〉를 만든 조지 루카스라면 어떨까?

구로사와 아키라는 미국 아카데미 영화제에서 평생 공로상을, 이탈리아 베니스 영화제에서 황금사자상, 은곰상 등을, 프랑스 칸 영화제에서 황금종려상을 수상하는 등 세계 영화제를 휩쓴 일본 최고의 감독이자 전 세계적으로 존경받는 영화감독이다.

일반인의 업적이라고 볼 수 없는 굵직한 업적을 남긴 그도 무명이던 시절이 있었다. 그는 1910년생으로 27세인 1936년 조감독으로 영화 인생을 시작했다. 조감독이던 구로사와 아키라는 "감독이 되고 싶다."는 꿈을 늘 가슴속에 품고 살았다. 그는 영화의 힘은 시나리오에서 나온다고 믿고 "어떤 일이 있어도 하루에 적어도 한 쪽 매일 시나리오를 쓰겠다."라고 다짐했다. 지금도 영화 제작 현장은 잘 알려져 있다시피 매우 열악한데, 당시는 말도 못 하게 힘들었다. 밤샘 촬영은 예사였고, 업무 시간도 길고 강도는 매우 높았다.

그러나 아무리 힘들고 괴로워도, 쓰러져서 그냥 자고 싶을 때도, 아이디어가 떠오르지 않아 그만두고 싶을 때도 그는 매일 시나리오 한 쪽 쓰는 일을 멈추지 않았다. 그 일은 7년간 이어졌다. 7년이 지난 어느 날, 구로사와 아키라는 무려 2,500쪽이 넘는 시나리오 작가가 되어 있었다. 1943년, 그는 마침내 본인이 메가폰을 잡은 최초의 영화 〈스가타 산시로〉를 내놓는다. 이 영화는 구로사와 아키라의 데뷔작인 동시에, 그의 대표작 중 하나가 되었다.

구로사와 아키라의 영화는 '시나리오가 매우 탄탄하다'는 공통점을 지닌다. 조감독 시절, 쓰러져 자고 싶을 때도 반드시 한 장씩 완결한 경험이 차곡차곡 쌓인 결과가 그랬다. 한계에 가까운 상황에서도 7년간 계속된 완결의 경험. 그 경험이 아키라를 세계인으로부터 추앙받는 감독으로 만들었다고 해도 지나친 말이 아니다.

[그림 13] 세계적인 영화감독, 구로사와 아키라

그가 피곤하다고 지쳐 잠들기를 7년간 반복했다면, 매일 시나리오 쓰는 목표를 세우지 않았거나 그 목표를 도중에 포기했다면, 처음 몇 달 만 결심을 실행으로 옮기다가 슬그머니 없던 일로 했다면, 우리는 구로사와 아키라라는 거장의 이름을 아예 모르는 채 살았을지도 모른다. **7년간의 완결 경험이 그를 거장으로 만들었다.**

조지 루카스가 구로사와 아키라의 작품 〈숨은 요새의 세 악인〉 〈7인의 사무라이〉 등에서 모티프를 얻어 〈스타워즈〉라는 대히트작을 만들었다는 일화는 유명하다. 구로사와 아키라가 시나리오를 7년간 끈질기게 쓴 시간이 없었다면 〈스타워즈〉의 주요 인물인 다스 베이더와 요다는 세상에 등장하지 못한 캐릭터였을지도 모른다.*

한두 번은 실수할 수 있다. 우리는 완벽하지 않다. 그 실수와 실패를 딛고 다시 시작하는 것이야말로 성공으로 가는 길이다.

데드라인보다 완결이 더 중요한 일

다른 사람과 함께하는 일이고, 계약 관계가 명시된 일이라면 당연히 데드라인deadline, 기한을 지켜야 한다. 그러나 세상에는 그런 일들만 존재하는 게 아니다. 공부, 자기계발, 운동, 다이어트 등 혼자만의 목표를 세울 때는 굳이 데드라인에 집착할 필요가 없다.

사람들은 보통 목표를 잡을 때 목표치와 기한을 함께 설정한다. 이는 좋은 습관이다. 기한을 정하지 않거나 구체적이지 않게 막연히 정하면, 마냥 늘어지다가 흐지부지 목표가 사라지기 쉽기 때문이다. 데드라인을

---

* 《행동의 완결》에 좀 더 자세한 내용이 있다.

지키기 위해 최대한 노력하는 자세는 일을 성공시키는 데 긍정적인 영향을 미친다.

문제는 최선을 다했는데도 피치 못할 사정으로 데드라인 때까지 목표치에 도달하지 못했을 때다. 실패하는 사람들은 여기서도 역시나 '기다렸다는 듯' 목표를 향해 가는 발걸음을 중단한다. 시험 날짜 같은 마감 시일이 정해진 일이라면 어쩔 수 없다. 시험이 끝나버린 마당에 그 공부를 계속하는 건 의미가 없다. 그러나 다이어트를 하는데 처음 정한 데드라인이 그렇게 중요한가? 주변에서 데드라인을 지키지 못했다고 맹비난하거나 조롱할까?

남들은 당신이 하는 일에 그렇게까지 관심이 많지 않다. 당신이 공개적으로 선언한 일에 대해서는 남들도 알 수는 있으나, 구체적인 데드라인까지 기억하는 사람은 거의 없다. 주변에서 큰 관심을 두는 것도 아니고, 데드라인을 어기면 당신이 완전히 망가지는 것도 아닌데, 왜 그 데드라인을 지키지 못했다고 해서 포기하는가? 그냥 거기까지만 하고 싶었던 것은 아닐까?

성공할 때까지 도전을 멈추지 말라

성공하는 사람은 다르다. **다른 사람에게 피해를 주는 일이 아닌 이상, 데드라인 안에 일을 성공시키지 못했다 해도 목표를 향한 발걸음을 멈추지 않는다.** 처음 목표한 그 일을 기어코 달성할 때까지 계속해서 전진한다. 그 일이 자기 노력으로 달성할 수 있는 일이라면 달성 자체가 성공이며, 성공과 실패로 나뉘는 일이라면 성공이든 실패든 어찌 됐든 완결했다는 데 의미가 있다.

특정한 영어 점수가 목표라면 목표한 점수가 나올 때까지 다소 시간이 걸려도 도전을 멈추지 말라. 몸무게 10kg을 빼기 위해 매일 한 시간 운동하는 게 목표라면 운동하지 못하는 날이 있더라도 포기하지 말고, 다음에 그 목표를 채우라. 결국 성공할 때까지 도전을 멈추지 않는 게 중요하다.

저항이 전혀 없는 일은 없다. 만약 저항이 전혀 없는 세상이라면 그런 세상에서는 멈추는 것도 내 마음대로 할 수 없다. 저항이 없으면 마찰력을 일으킬 수 없기 때문이나. 서항 없는 삶이란 스스로 달리고 멈추는 일을 결정할 수 없는 삶이고, 그런 삶은 아무 의미가 없다.

지금까지 작은 시련만 나타나도 기다렸다는 듯 안 된다며 물러섰던 습관이 있다면, 이제는 버리자. 시련 앞에서도 끝내 완결하는 일을 시작해 보자. 완결을 거듭할수록 당신은 성공하는 사람으로 나아갈 것이기 때문이다. 어떤 상황에서든 반드시 완결하라. 완결이야말로 성공하는 유일한 방법이다.

제17장 , 당신의 유형은?

체크 표시(✔) 하시오.

Fatal Failure ☐   Super Success ☐

작은 저항에도 쉽게 포기한다.	시작했으면 어떻게든 완결한다

크든 작든 예상치 못한 문제를 만나면 기다렸다는 듯 포기한다. "그건 내가 할 수 없는 일"이라며 합리화하지만 사실은 저항을 버티는 게 귀찮고 불편한 것이다. 조금만 불편한 상황이 발생하면 금방 포기하고 아무 저항 없는 상태에서만 도전하려고 한다.

자신이 생각하지 못한 이슈가 발생하더라도 우직하게 할 일을 한다. 일을 진행하다 도중에 실수하거나 피치 못한 상황이 발생하더라도 끝내 그 일을 완결한다. 혼자 하는 일의 경우 데드라인을 넘기더라도 반드시 완결한다.

당신의 슈퍼 성공을 위한 아이템!
Action Items for Super Success

Q 최근 중도 포기한 일이 있는가? 있다면 적어보라.

A

Q 왜 포기했나? 당신이 도저히 견딜 수 없는 이유가 있었나?
잘 생각하고 적어보라.

A

Q 중도 포기하지 않고 완결하기 위해 당신에게 시급한 일은 무엇인가?
잘 생각하고 적어보라.

A

#03 일의 결과에 임하는 태도

잘못한 사람에게
원한을 품는다

실패 원인을
남에게서 찾고
남 탓을 한다

잘된 건 모두
내 덕이다

UNSUCCESSFUL

일을 진행하고 결과물이 나오면 비로소 그때 성공과 실패가 결정된다. 그런데 이때 성공이든 실패든 그 결과를 받아들이는 태도에서 성공하는 사람과 실패하는 사람은 큰 차이를 보인다. 여기서 강조하고자 하는 성공과 실패는 일회성이 아니라 추세다. 한 번의 성공과 실패보다 성공의 흐름을 탔느냐, 실패의 흐름을 탔느냐가 중요하다. 당장 눈앞에 놓인 성공과 실패를 보는 당신의 태도가 성공하는 사람의 것인지, 실패하는 사람의 것인지 살펴보기를 바란다.

잘못한 사람을
용서한다

실패 원인을
자신에게서
찾는다

다른 사람들이 도와준
덕에 잘됐다

SUCCESSFUL

잘못한 사람에게 원한을 품는다

V

S

잘못한
사람을
용서한다

> **그놈 때문이야. 그놈만
> 아니었어도 이렇게 되
> 진 않았을 거야.**

> **쟤는 별로야.
> 저 사람은 무능해.**

안타깝게도 일이 실패로 돌아갔을 때, 기분이 좋을 사람은 없다. 그 실패로 진급에서 떨어질 수도 있고, 좋은 기회를 날릴 수도 있고, 돈을 크게 잃을 수도 있기에 그렇다. 중요한 것은 그 한 번의 실패를 어떻게 대하느냐다. 실패에 임하는 태도에 따라 계속해서 실패하는 사람이 될 수도 있고 성공하는 사람이 될 수도 있다.

실패하는 사람들은, 어떤 일의 실패에 대해 자신은 책임이 없고 모두 남 탓이라고 생각한다. 특히 그 과정에서 실수하거나 잘못을 저지른 사람에게 실패의 책임을 전가하며 원한을 품고 복수하려고 다방면으로 머리를 굴린다. 그 사람 하는 일이 잘 안 되고 나쁜 결과가 나오도록 방해하고, 주변 사람들에게 근거 없는 나쁜 소문을 흘리며 음해 공작을 펼치

기도 한다. 자기 일을 실패로 만든 당사자를 그 사람으로 규정하며 그 책임을 전가하는 것이다.

반면 성공하는 사람은 실패에 대해 책임 있는 자세로 임한다. 설령 그 실패 과정에서 자신에게 큰 손해를 안겨준 사람이 있다 해도 그 사람에게 책임을 전가하지 않고 오히려 그를 용서하고 기회를 준다.

실패 하나와 사람 하나를 바꾼다

실패하는 사람은 하는 일이 잘 안 될 때마다 그 과정에서 크든 작든 자신에게 잘못을 저지른 사람에게 좋지 않은 감정을 가진다. 그 사람과 다시 일하는 것을 피하고, 그 사람이 하는 일을 폄하하며, 그 사람에 관해 안 좋은 소문을 흘리고 다닌다. 그런 일을 당사자가 모를 리 없다. 당연히 그 사람도 자신에 대해 나쁜 소문을 퍼뜨린 사람을 미워하고 멀리하게 된다.

일이야 얼마든 다시 도전해서 성공할 수 있다. 그러나 악화된 관계는 쉽게 돌이킬 수 없다. 그런데 일이 잘 안 될 때마다 주변 사람들을 원망하고 비방하며 근거 없는 험담으로 모욕을 주면 어떻게 될까? 일도 잃고 사람도 잃게 된다. 실패는 반복되고 주변에 사람도 계속해서 사라진다.

그렇게 사람을 계속 잃게 되면, 결국 나와 함께 일하고 싶은 사람은 남아 있지 않게 된다. 아무리 높은 직책과 거대한 권력을 가졌더라도 마찬가지이지만, 그런 것도 아니라면 더 일찍 고립되고 만다.

실패할 때마다 매번 사람 한 명을 잃는다. 때로는 여러 사람을 잃는다.

이런 상황이 반복되면, 내 상황이 어려울 때 나를 도와줄 사람이 없고, 나와 함께 일하고 싶어 하는 사람도 없게 된다. 더욱이 지금 가지고 있는 힘이나 권력이 약해지고 없어지면, 늙은 사자가 하이에나들에게 공격을 당하듯 내가 적으로 돌렸던 숱한 사람들이 날 물어뜯으려고 아우성칠 것이다. 아주 운이 좋다고 해도 아무도 거들떠보지 않는 존재로 전락할 뿐이다.

합리적 용서의 필요성

"오른쪽 뺨을 때리면 왼쪽 뺨을 내밀라." 같은 이야기를 하는 것이 아니다. 내가 여기서 용서라고 할 때는 '합리적 용서'를 말한다. **합리적 용서란 고의성이나 악의적인 마음이 없었다는 전제하에, 반복되지 않는 잘못일 때 용서해준다는 뜻이다.** 당신이 여러 번 주의를 주었는데도 또다시 같은 실수를 저지른다는 것은 당신의 말을 귀담아듣지 않았고 자신의 실수를 심각하게 받아들이지 않았다는 뜻일 수 있으므로 합리적 용서의 대상이 될 수 없다. 그 외의 경우는 용서하는 것이 모두를 위해 바람직하다.

합리적 용서는 일의 실패로 낙담한 사람에게 다시 일어설 수 있는 용기를 준다. 당신이 그의 동료이든 상사이든 마찬가지다. "그래도 수고 많았어."라는 한마디, "이번엔 다소 힘들었지만 괜찮아. 다음에 더 잘해보자." 같은 말이 얼마나 힘이 되고 고마운가? 사람은 누구나 완벽하지 않고 실수를 할 수 있다. 실수 한 번, 잘못 한 번에 모든 것을 판단하고 그 사람을 내친다면 그 사람 역시 자신을 내친 사람을 따르려 하지 않을 것이다.

원한은 무능을 낳는다

세계적인 경영대학원^MBA 프랑스 인시아드^INSEAD의 장 프랑수아 만조니 Jean François Manzoni 교수는 상사 또는 보스가 유능한 직원을 무능하게 만들 수도 있다며, 그 다섯 단계를 이야기했다.

유능한 직원을 무능하게 만드는 5단계 >>>>>

- **1단계**: 상사가 유능한 직원의 능력을 의심한다. 직원의 업무에 대한 감독을 점점 강화한다. 이를 경영 용어로 '마이크로 매니지^micro manage'라고 한다.

- **2단계**: 마이크로 매니지가 강화되면 직원은 자존감이 떨어지고 업무 의욕도 점점 상실한다. 그러면서 상사를 조금씩 불편하게 대한다.

- **3단계**: 상사는 업무 의욕이 떨어지고 자기를 불편하게 대하는 직원에게 의심의 눈초리를 더욱 부릅뜬다. 그래서 그에 대한 감독을 더욱 강화한다. 일에 대해 더 간섭하고 더 세부적인 보고를 요청한다.

- **4단계**: 그 직원은 점점 일할 의욕을 잃는다. 성과도 제대로 나지 않는다. 그는 상사를 좀 더 멀리하고 때로는 반항도 한다.

- **5단계**: 상사는 자신의 의심이 정확했음을 확신하게 된다. "맞아. 저 녀석은 진짜 무능한 거야." 드디어 그 직원은 무능한 직원으로 전락한다.

아무리 유능한 사람도 상대가 어떻게 대하느냐에 따라 유능함을 충분히 발휘해 이익을 안겨줄 수도 있고, 무능한 사람으로 전락해 쓸모없는 사람이 될 수도 있다. 한때 당신에게 잘못을 저질러 실패에 이르게 한 사람도 마찬가지다. 그가 실제로 무능해서 그런 게 아닌데도 당신이 그를 무능한 사람으로 낙인을 찍으면 그는 무능한 사람으로 길들여진다. 무능한 사람이 될수록 성과는 나지 않고 그는 더 많은 잘못을 저지르게 될 것이다. 당신과 그의 관계는 완전히 틀어질 것이다.

당신이 "쟤는 별로야." "저 사람은 무능해."라고 생각하는 순간 그는 무능한 사람이 된다. 정말 무능한 사람일 수도 있지만, 그렇지 않을 수도 있다. 아무리 유능한 사람도 당신이 그를 무능한 사람으로 낙인을 찍으면 그는 적어도 당신에겐 무능한 사람이 된다. 그와 함께하는 일은 계속해서 실패하게 될 확률이 높다.

다 무능해도 누군가와는 함께해야 한다

한 번 쓴 색안경은 좀처럼 벗겨지지 않는다. 당신도 그를 싫어하지만, 그도 당신을 좋아할 리 없다. 그런 식으로 주변 사람을 한 명씩 떠나보내면 결국 당신 홀로 남아 외로운 싸움을 싸워야 할 것이다.

성공하는 사람은 주변 사람과 자신이 동반 성장을 해야 한다는 사실을 명확히 이해한다. 사람은 완벽할 수 없기에 실수할 수도 있고, 따라서 함께 일한 결과가 실패로 돌아갈 수도 있다. 그때 실수하고 잘못을 저지른 사람을 탓하지 않고 기분 좋게 용서하는 경향이 있다.

"칭찬은 고래도 춤추게 한다."라는 말처럼 지속적인 독려는 놀라운 효과를 가져온다. 잘못을 저지른 직원에게 "너는 할 수 있어."라는 말을 해주면 그 직원은 죽었던 의욕이 되살아나고, 없던 실력도 갑자기 생겨난다. 그다음 프로젝트에서는 더욱 최선을 다하고 점차 실력을 갖추어서 결국 조직에 성공을 가져다주는 유능한 사람이 될 수 있다.

자신이 실수했을 때 용기를 주고 자신을 믿어준 상사에게 좋은 감정을 가지는 것은 당연한 일이다. 그런 상사의 믿음에 보답하기 위해서라도 그 직원은 더욱 최선을 다한다. 조직의 성공은 굳건한 신뢰라는 토대 위에서 가능한데, 상사와 직원 사이에 굳건한 믿음이 생겼으니 일의 성과는 당연히 좋아질 것이다.

용서로 직원을 대하면 상사도 일하기가 쉬워진다. 믿고 맡길 수 있는 사람이 곁에 있다는 건 정말 든든한 일이기 때문이다. 일은 편해지고 좋은 동료가 곁에 있으니 성공하는 횟수가 많아지면서 팀의 사기가 올라간다. 전투에 나가는 병사에겐 훈련이 중요하지만 그에 못지않게 사기가 중요하다. 두 항목 모두 높을 때 전투에서 승리할 확률은 높아진다.

일도 마찬가지다. 일을 성공시키는 데는 숙련도도 중요하지만, 그에 못지않게 사기가 중요하다. 아무리 훈련이 잘된 직원이라도 사기가 꺾여 있다면, 실패할 확률은 그만큼 올라간다. 실패한 상황에서 함께 일한 사람을 비난할수록 팀의 사기는 떨어진다. 반면, **용서와 칭찬은 이번의 실패를 반면교사 삼아 앞으로 나아갈 수 있는 추진력이 된다.**

훗날의 큰 성공을 위해 지금 용서하라

　실패에 관대한 모습을 보여준 사람으로 《삼국지》의 조조 이야기를 해보겠다. 조조는 자신이 거느리고 있던 장수 하후돈에게 10만 군사를 내주며 유비를 공격하게 했다. 조조의 책사 순욱은 유비의 진영에 새로 영입된 제갈량의 꾀를 조심해야 한다며 이 전투를 말렸는데, 이에 발끈한 하후돈이 반드시 유비를 잡아 오겠다며 큰소리를 치고는 출전한다. 그러나 하후돈은 박망파에서 제갈량의 화계(불로 상대방을 공략함)에 꼼짝없이 대패해 후퇴하고 말았다. 10만 군사가 순식간에 사라져버린 엄청난 패배였다.

　이처럼 장수가 고집을 부려 전투에 출전해 대패했다면, 그 장수를 참수하는 게 당시 관행이었다. 하후돈도 이를 잘 알았기에 조조를 다시 만난 자리에서 죽여달라고 간청했다. 그러나 조조는 전투에서 늘 이길 수는 없다며 통 크게 그를 용서했다. 그 일 이후 하후돈은 남은 생을 조조에게 충성하며 조조와 군부 사이를 조율하는 역할을 충실하게 수행했다.

[그림 14] 조조 위 황제를 지내는 동안 중국 영토의 3분의 2를 통치했다.

　《삼국지》에 조금이라도 관심이 있다면 하후돈이라는 이름을 들어봤을 것이다. 하후돈은 조조 휘하의 매우 유능한 장수였다. 그런 그를 박망파 전투의 패배를 이유로 참수했다면, 혹은 이후의 전투에 참전하지 못하게 했다면 어떻게 됐을까? 조조는 큰 전력을 잃었을 것이고 위, 촉, 오 삼국의 역사가 어떻게 달라졌을지 모를 일이다.

《삼국지》에 이와 비슷한 다른 일화도 있다. 조조가 원소와 대치하고 있을 때 당시 원소의 세력이 만만치 않았다. 이에 판세가 애매하게 흐르자 몸은 조조 측에 있었지만 이른바 조조와 원소에게 양다리를 걸친 관리들이 많았다. 그런 관리들의 명단이 적힌 문서가 있었는데, 그 문서가 공개될까 봐 관리들은 밤잠을 이루지 못했다.

조조는 훗날 그 문서를 손에 넣었으나 모두 불태워 버리라는 지시를 내린다. 그러면서 "원소가 극성할 때 나 역시 곤궁한 처지였는데, 다른 사람들은 오죽 어려운 지경이었겠느냐?"며 넓은 도량을 보였다.

조조라고 누가 자신을 배신했는지 알고 싶은 마음이 굴뚝같지 않았을까? 이름만 확인하고 덮을 수도 있었겠지만 조조는 한 수 위였다. 아예 편지를 불태워서 수많은 관리에게 자신의 배포를 과시하고 충성심을 유도한 것이다. 결국 조조는 그 전투에서 자신보다 몇 배나 큰 군사력을 가진 원소를 제압하고 광활한 영토를 손에 넣었다.

한 번의 실수에 그를 '몹쓸 사람'으로 만들어 몰아붙이는 사람은 끝내 성공하기 어렵다. **실패는 한 사람의 책임이 아니라 조직 전체의 책임이다.** 그 책임을 한 명에게 전가하며 그를 희생양 삼아서는 안 된다. 잘못한 사람에게 실패에서 배우도록 하는 것이 중요한데, 그러려면 용서가 필요하다. 그래야 훗날의 더 큰 성공을 그려볼 수도 있다.

제18장 | 당신의 유형은?

체크 표시(✔) 하시오.

Fatal Failure ☐ Super Success ☐

잘못한 사람에게 원한을 품는다. **잘못한 사람을 용서한다.**

어떤 일이 실패로 돌아갔을 때, 자기 책임을 인정하지 않고 그 과정에서 잘못한 사람에게 모든 책임을 돌린다. 그에게 원한을 품고 다방면으로 복수한다. 복수를 당하는 당사자도 그를 미워하며 떠난다. 이런 행태가 반복되면서 그의 주변엔 좋은 사람이 남아나질 않는다.

악의를 가지고 일을 그르친 게 아닌 이상, 실수한 사람을 용서하고 다음번에는 더 나은 방향으로 갈 수 있도록 용기를 북돋아준다. 용서받은 사람은 더욱 최선을 다함으로써 실력자로 거듭난다. 결국 그의 주변엔 실력자가 많아진다.

당신의 슈퍼 성공을 위한 아이템!
Action Items for Super Success

Q 최근에 함께 일한 사람의 실수 때문에 일이 잘못된 경험이 있는가? 어떤 상황인지 구체적으로 적어보라.

A
_____
_____
_____
_____

Q 고의로 일을 그르치기 위해 그랬나? 고의가 아니었다면 당신은 "수고했고 다음에는 더 잘해보자."라는 식으로 반응했나?

A
_____
_____
_____
_____
_____

Q 만약 그렇지 않았다면, 그에게 원한을 품고 있는가? 그 경우 그 사람과의 관계와 일의 미래는 어떻게 될지 생각해보고 적어보라.

A
_____
_____
_____
_____

실패 원인을 남에게서 찾고 남 탓을 한다

제19장

V

S

실패 원인을
자신에게서
찾는다

" 이렇게 된 건 다
너 때문이야! **"**

" 난 흙수저라 어쩔 수 없어.
그 사람은 원래 금수저잖아. **"**

자신의 실패에 대해 그렇게 말하며 책임을 회피하는 사람이 많다. 그러나 아무리 자신의 책임을 부인해도 그 사람의 책임이 사라지지는 않는다. 실패의 탓을 남에게 돌리면 일시적인 쾌감, 우월감에 사로잡히고 상황을 모면하는 느낌이 들 수 있으나, 현 상황을 개선하는 데는 아무런 도움이 되지 않는다.

성공하는 사람은 실패 후 남 탓, 환경 탓에 시간을 허비하지 않는다. 오히려 자신이 개선해야 했던 영역을 분석하고, 빠르게 문제를 개선해 동일한 실패를 반복하지 않으려 한다.

실패는 낙오가 아니다

앞서도 보았지만, 실패로 끝난 결과를 대하는 태도에서 성공하는 사람과 실패하는 사람은 큰 차이를 보인다. 한 차례 실패했다고 해서 인생이 통째로 망가지지는 않으며, 큰 실패를 당하고 큰 손실을 본다고 해서 지구가 멸망하는 것도 아니다.

아무리 뛰어난 사람과 조직도 성공만을 거듭할 수는 없다. 현재 세계 시가 총액 1위에 이름을 올리고 있으며 아이폰으로 유명한 애플사 역시 초창기 성공 이후 거듭된 실패를 반복했다. 애플은 1977년 애플 II 컴퓨터를 출시하면서부터 크게 성공했다. 본체와 키보드를 일체화한 애플 II는 크기를 줄여 공간 활용성을 높였으며 사용법도 간편했다. 가격도 1,298달러로 당시 컴퓨터 중에는 저렴한 편이었다. 이런 이유로 애플 II는 큰 인기를 끌었는데, 1978년에 7,600대 팔리던 것이 1980년에는 그 10배인 78,100대가 팔릴 정도였다.

[그림 15] 1984년 출시된 애플의 매킨토시(Macintosh) 컴퓨터

그 덕분에 애플의 공동 창업자인 스티브 워즈니악과 스티브 잡스는 단숨에 부자가 되었다. 그러나 후속작으로 내놓은 애플 III와 LISA가 연거푸 저조한 실적을 보이며 애플은 도산 위기에 처했다. 스티브 잡스는 이 일로 회사에서 쫓겨나게 된다.

그러나 스티브 잡스는 이에 굴하지 않고 그동안 주목하고 있었던 그래픽 분야로 눈을 돌려 픽사PIXAR라는 새로운 3D 애니메이션 회사를 설립했다. 거기서 그는 애니메이션 〈토이 스토리〉로 큰 성공을 거두며 실력을 인정받아 애플의 CEO로 복귀한다.

스티브 잡스는 실패했지만 거기에 흔들리지 않았다. 자신이 잘할 수 있는 영역에 대한 확신이 있었기 때문이다. 그는 그 영역을 적극적으로 찾아 나섰다. 지금은 너무 당연하게 여겨지는 GUI^{Graphic User Interface} 도입도 픽사의 성공과 이어져 있었다. GUI란 컴퓨터 사용자가 그래픽을 통해 컴퓨터와 정보를 교환하는 작업 환경을 말하며, 마우스 등을 이용해 화면 메뉴를 클릭해 작업을 지시하는 것이 이에 해당한다.

그때까지 컴퓨터 사용자는 검은 화면에 명령어를 직접 입력해서 작업을 수행시켜야 하는 시스템이었다. 지금 우리에게 익숙한 마우스 클릭, 마우스 커서 이동은 상상도 할 수 없던 시절이었다. 지금 우리가 일상에서 누리고 있는 컴퓨터 환경은 스티브 잡스가 주목했던 그래픽 기술의 발달 덕분이 크다. '그래픽 환경'은 스티브 잡스가 가진 가장 강력한 무기였다.

애플의 CEO로 화려하게 복귀한 잡스는 이후 아이폰을 출시하며 전 세계 휴대폰 시장의 판도를 뒤흔들어 놓았다. 자신의 실패를 인정하지 않고 자신이 바꿀 수 없는 영역에 계속 미련을 두었다면 과연 우리가 기억하는 스티브 잡스가 존재했을까? 그는 자신이 변화시킬 수 있는 영역에 집중했기에 이후 눈부신 성공을 거둘 수 있었다.

눈앞의 성공보다는 추세적 성장

실패는 때로, 어려운 일에 도전했다는 증거가 된다. **한 번의 성공 혹은**

실패보다 우리가 주목해야 하는 것은 '추세적 성장'이다. 벌 때 크게 벌고, 잃을 때 적게 잃어 총수익이 플러스가 되도록 자금을 운용하는 헤지펀드Hedge fund처럼 개인의 삶도 실패를 겪고 일시적으로 주춤하더라도, 향후 더욱 크게 성장하는 것이 중요하다.

컨설팅사에서는 특정 프로젝트 이후 주요 보고를 끝내고 팀원들끼리 모여서 '디브리프debrief'라는 과정을 필수로 진행한다. 그 과정에서 어떤 일을 잘했고Good 어떤 일을 더 잘할 수 있었는지To be improved를 논의한다. 목적은 다음 프로젝트를 좀 더 효과적으로 진행하고 한층 더 큰 성과를 내기 위함이다.

고객사와의 중요한 미팅, 예를 들어 프로젝트 중간 및 결과 보고가 끝난 뒤에 디브리프 과정을 진행한다. 회의의 방향은 이렇다. 먼저, 이번 보고에서 잘한 점에 대해 이야기를 나눈다. 예를 들어, 데이터 분석이 정교해서 큰 손실이 예상되는 부분을 미리 찾아낼 수 있었다든가, 세계 선진 사례를 소개해 CEO가 이 프로젝트의 필요성을 명확히 인지하게 되었다는 점을 이야기한다.

다음으로는 개선이 필요한 부분에 관해 이야기를 나눈다. 시간이 촉박해서 고객 실무진 인터뷰가 심도 있게 이루어지지 않았다든가, 신사업 분야여서 해당 분야의 전문가를 찾는 데 어려움을 겪었던 일 등을 이야기한다. 끝으로 향후 개선할 방안을 모색해본다.

그런데 하필 그 프로젝트가 실패로 끝났다고 해보자. 이때 팀원들의 반응은 크게 두 가지로 갈리는데 그중 하나는 실패의 원인을 외부 환경 탓, 남 탓으로 돌리는 것이다. 운이 없었고, 그 순간 하필 좋지 않은 일이 나타났고, 함께 일했던 팀원이 능숙하지 못했으며, 다른 부서에서 도와주지 않았기 때문에 일을 제대로 마무리짓지 못했다고 이야기한다. 여기에 자기 자신은 쏙 빠져 있다. 대놓고 말하지는 않지만 "나는 할 걸 다 했는데, 주변에서 날 도와주지 않았다." "나는 잘했는데 주변 사람들이 못했다."라고 주장하는 것이다. 추세적으로 실패하는 사람들의 대표적인 특징이 그렇다.

물론 주변의 비협조, 불운, 갑자기 발생한 이슈, 함께 일하는 팀원의 미숙함과 불성실함이 일 전체를 실패로 귀결시켰을 수 있다. 그렇다면 그런 주장을 하는 사람은 언제 성공할 수 있을까? 주변 사람들이 매우 협조적이고, 과정마다 행운이 따르고, 이슈도 전혀 발생하지 않고, 주변 팀원이 모두 실력파에 능수능란하고 적극적 업무 태도를 지녔을 때만 이 사람은 성공할 수 있다. 즉, 자기 자신이 통제할 수 없는 모든 조건이 완벽해야만 성공할 수 있다는 이야기이다.

그런 조건이라면 굳이 그 사람이 필요할까? **무균실 인큐베이터 환경에서만 자랄 수 있는 생명이라면, 혹은 완벽하게 성공할 조건이 갖추어졌을 때만 성공할 수 있는 사람이라면 결국 아무짝에도 쓸모없는 사람이다.**

추세적으로 성공하는 사람은 실패했을 때 그 원인을 꼼꼼히 '분석'한다. 실패의 원인은 무엇이고 내가 더 잘할 수 있는 건 없었는지 따져본다. 치명적인 실수와 작은 실수, 그리고 그런 실수들이 축적된 원인들을 하나하나 빠짐없이 찾아나간다. 성공하는 사람들은 외부 환경을 탓하기보다는 내가 잘못한 일이 없는지 돌이켜보고 추후에는 이를 교훈 삼아 동일한 실수를 반복하지 않겠다고 다짐한다. 왜냐하면 외부 환경은 내가 통제할 수 없는 부분이고 내가 바꿀 수 없는 것에 신경을 쓰는 것은 헛일이기 때문이다. 성공하는 사람은 내가 바꿀 수 있는 부분에만 시간을 투자한다.

주변 탓은 아무 도움이 되지 않는다

'금수저' '흙수저'라는 말이 일상 용어처럼 쓰인 지 오래되었다. 자신이 자라온 환경을 폄하하는 데 주로 '흙수저'라는 표현을 쓰고, 경제적으로 넉넉한 환경에서 부유하게 자란 사람을 가리켜 '금수저'라고 표현한다. 건물주가 신과 동등한 위치에 있다고 해서 '갓^{God}물주'라는 표현도 종종 쓴다.

보통 자기가 자신을 보고 '금수저'라고 표현하는 일은 거의 없다. 다른 사람을 '금수저'라 칭하고 자신은 '흙수저'라 표현하는 경우가 대다수다. 그런데 잘 생각해보면 이런 표현들은 참으로 비겁한 말이라는 사실을 알 수 있다. 자기 자신을 흙수저라고 하는 것은 자기 자신을 비하하는 것이고, 더 나아가 자신이 처한 환경을 비하하는 것이기 때문이다. 즉, 자신은 열심히 살고 노력하는데 자신이 나고 자란 환경이 좋지 않기 때문에 지금 별로인 존재로 살아가고 있다는 자기 합리화이다. 지독히도 나쁜 생각이다.

비슷한 맥락에서 '헬조선'이라는 말을 생각해보자. 지옥이라는 의미의 'hell'과 우리나라의 옛 명칭 '조선'을 합친 표현이다. 헬조선이라는 표현 속에는 척박한 대한민국에서 태어나 힘겹게 살아가고 있다는 원망이 서려 있다. 물론, 개인은 사회환경의 지배를 받는 존재이므로 개인의 어려움이 사회 탓인 부분도 없지 않다. 개인에게 모든 책임을 전가하는 사회가 결코 옳다고도 할 수 없다. 그러나 '헬조선'이라는 표현을 쓰는 이유는 정말 삶이 힘겨워서라기보다는, 자신이 이 지경으로 사는 것은 세상 탓, 상황 탓이라며 자신의 현 처지를 합리화하고 싶어서일 때가 많다. 다시 말해, 자신은 열심히 살고 있는데 세상이 엉망이라서 자신의 처지가 별로라고 핑계를 대는 것이다.

흙수저도 헬조선도 그저 핑계를 대는 게 목적이라면 열심히 써도 된다. 다만, 그런 표현을 쓰고 세상을 탓한다 해서 뭐가 달라질 거라는 기대는 하지 말라. 내 환경이 바뀌는 것도 아니고, 내 역량이 올라가는 것도 아니다. 결국 아무것도 바뀌지 않은 채 부정적인 생각에 휩싸여 사기가 떨어질 뿐이다. 자신을 계속 흙수저라고 표현하며 비관하는 사람이 과연 그 환경을 벗어날 수 있을까?

나와 내 주변을 둘러싼 환경을 부정적으로 여기는 말은 어떤 상황에도 좋지 않다. 오히려 더 나락으로 상황과 나를 몰아넣을 뿐이다.

내가 제어할 수 있는 대상에 집중하라

성공하는 사람, 실패하는 사람의 차이는 가치관 같은 거창한 데 있지 않다. 성공하는 사람과 실패하는 사람은 내가 제어할 수 있는 대상을 개선 대상으로 보느냐, 제어할 수 없는 대상을 개선 대상으로 보느냐에서 크게 갈린다. 성공하는 사람은 자신이 직접 개입해서 개선할 수 있는 영역을 우선적으로 바꿔나간다. 내가 부족했던 영역을 명확히 파악하고 향후에는 동일한 실수를 하지 않도록 노력한다.

■ 직접 개선 가능 영역 - 개선 가능성 가장 높음

간접 개선 가능 영역 - 개성 가능성 중간

간접 개선 영역 개선 시, 개선 가능 영역 -
개선 가능성 낮음

■ 개선이 어려운 영역 - 개선 불가능

[그림 16] 개선 가능한 영역

[그림 16]에서 개선 가능한 영역을 구분해보았다. 우선, 내가 직접 개선할 수 있는 영역이 좋게 바뀔 가능성이 가장 높다. 이는 내가 즉각 제어할 수 있는 영역이기도 하며 나 자신, 내가 맡은 일, 그리고 나와 직접 연결된 동료 등에 해당한다. 내가 어느 정도 영향력을 행사할 수 있는 사람들과의 관계에서도 개선할 부분을 찾는다면 좋게 바뀔 가능성이 높다. **성공하는 사람은 개선 가능성이 높은 이 영역에 집중한다.** 다음으로, 간접적으로 개선할 수 있는 영역이 있다. 조직 시스템, 내 일과 간접적으로 연결된 사람들, 작업 환경 등이 이에 해당한다. 내가 나서서 다 바꿀 수는 없지만 노력할 여지는 있는 부분이다. 상부에 건의를 한다든

가, 다른 부서 사람에게 협조를 구할 수 있다. 그러나 첫 번째보다는 개선 가능성이 비교적 낮다.

간접 개선이 가능한 사람들이 좋게 달라지면, 그들 역시 자신들과 간접적으로 연결된 사람들을 좋게 바꿀 수 있고, 이는 전체 일의 성과가 올라가는 결과로 이어진다.

실패하는 사람은 스스로 변화하려 하지 않고 개선 가능성이 전혀 없는 사람 탓, 외부 환경 탓만 한다. 달라질 여지가 전혀 없는 것을 가지고 불평하고 원망해보았자 시간만 허비될 뿐이다. 내가 이 회사 조직을 다 갈아엎을 수도 없고 사람의 성격을 바꿀 수도 없다. 실력 없는 직원, 내 맘에 맞지 않는 직원은 다 몰아내고 최고 실력에 마음씨가 비단결 같은 온순한 사람을 뽑을 수도 없다.

앞서 언급한 컨설팅사 프로젝트의 경우, 팀원 한 명의 실수로 회사가 큰 손해를 입었다고 해보자. 이 상황에서 실패하는 사람이 보이는 반응은 단순하다. "저 녀석 때문에 우리가 망했다고!"라며 감정적으로 대응하고, 당사자에게 면박을 준다. 주변 사람들에게 일을 제대로 처리하지 못한 사람을 험담한다. 그리되면, 그 손실의 직접적인 원인 제공자는 더욱 주눅이 들어 앞으로도 계속 실수를 반복하거나, 자신을 험담한 사람에게 더욱 비협조적이 된다. 상황은 개선되기는커녕 더 악화된다.

공동 책임의식으로 함께 해결해나가라

같은 상황에서 성공하는 사람은 어떻게 할까?

우선, 일을 미숙하게 처리한 당사자에게 문제의 원인을 묻고 해명을 듣는다. 그 해명에서 논리적인 오류가 있는지 곰곰이 따져보고 피드백을 해준다. 이미 벌어진 일에 대해 나무라거나 면박을 주지 않고 잘할 수 있다는 용기를 준다. 다음번에 어떻게 해야 같은 문제가 발생하지 않을지 검토해서 의견을 준다. 향후 그가 같은 실수를 반복하지 않도록 좀 더 촘촘하게 관리한다. 그에게 일을 지시할 때는 다음과 같은 구조로 한다.

- 일의 배경 설명
- 바라는 업무에 관한 명확한 가이드(일하는 방법, 예상 이슈 등)
- 일의 데드라인
- 이슈 발생 시, 대처 방안

일의 배경 설명은 '왜 이 일을 해야 하는지' 설명하는 부분이다. 일을 시켰으면 무조건 해야 하지, 무슨 배경 설명이 필요하냐고 반박할 수 있다. 그러나 작업자가 일의 배경을 제대로 이해해야 불필요한 업무가 크게 줄어들고 시간이 단축되며 일의 품질도 높아진다.

배경 설명은 어느 정도로 해주면 좋을까? 고객사의 요청으로 시작되는 일의 경우, "지배 구조가 개편돼 신사업을 성장시켜야 하는데, 그 신사업에 적합한 계열사는 정보통신 부문이고, 그래서 이 고객사가 신사업 전략을 시작했다." 정도로 배경 설명을 해준다.

바라는 업무에 관한 명확한 가이드 전달은 부하 직원이나 후배 사원에게라면 특히 주의를 기울여야 할 부분이다. '이렇게까지 시시콜콜하게 이야기하는 건 지나치지 않을까?' '알아서 하겠지.' 이런 생각이 들어도 최대한 구체적으로 이야기해주는 것이 낫다.

예를 들어, **"관련 업종 선진 사례를 조사해봐."** 하는 것보다는 **"IoT(Internet of Things) 관련 선진 기업에 대해서 조사해봐. 주로 미국과 유럽 지역에 있는 기업으로 조사하고, 그 회사가 발행한 백서(white paper) 등을 모아놓으면 좋겠어. 한눈에 어떤 기업이 있는지 볼 수 있도록 회사 리스트는 별도로 작성하면 돼."** 이렇게 지시해야 일의 방향성을 정확히 파악하고 헛수고할 위험이 줄어든다.

일의 데드라인은 언제까지 이 일을 끝내야 하는지 알려주는 것이다. 의외로 일을 전달하며 데드라인을 주지 않는 경우가 많다. 언제까지 해야 하는지 물어보면 '가능한 한 빨리^ASAP: As soon as possible'라고 얼버무리는 경우가 대부분이다. 정확한 날짜와 시간을 주고 불가능할 경우 시간을 조율해야 한다.

이슈 발생 시 대처 방안은 말 그대로 경보기를 최대한 빨리 울리게끔 해주는 장치다. 일의 실패는 갑자기 찾아오지 않는다. 작은 문제를 담당자 혼자 품고 있다가 그 문제가 눈덩이처럼 커져서 결국 폭발하는 경우가 대부분이다. 작은 이슈라도 발생하면 누구에게 언제까지 말해야 하는지, 업무 지시와 함께 반드시 알려준다.

이런 식으로 당신이 누군가에게 일을 맡기면 실패할 확률이 줄어든다.

그런데도 일이 실패로 끝났다면 누가 당신 탓을 하겠는가?

역경과 도전을 겪지 않고 성공하는 일은 없다. 역경과 도전 없이 손쉽게 성취할 수 있는 일이라면, 그 일이 당신의 삶을 크게 바꿔줄 수 없다. 그런 쉬운 일들만 찾아다닌다면 잘해야 현상 유지에 그치고, 대부분은 퇴보한다.

성공하고 싶은 사람이라면 자기 자신부터 돌아보는 지혜를 가지자. '무조건 내 탓' 하며 한탄하라는 말이 아니다. 내가 바꿀 수 있는 영역부터 바꿔나가라는 뜻이다.

제19장 / 당신의 유형은?

체크 표시(✔) 하시오.

Fatal Failure □   Super Success □

| 실패 원인을 남에게서 찾고 남 탓을 한다. | 실패 원인을 자신에게서 찾는다. |

한 번의 실패로 낙오자라도 되는 듯 현실을 부정하기에 급급하다. 내가 부족해서 실패한 일을 환경 탓, 남 탓, 운 탓을 한다. 팀 프로젝트에서 실수한 사람이 있으면, 그 사람에게 집중 폭격을 가한다. 자신이 잘할 수 없는 일에 집착한다.

실패 원인을 분석하고 향후 자신의 부족함을 개선해나간다. 내가 제어할 수 없는 부분은 신경 쓰지 않는다. 팀 프로젝트 실패에 큰 영향을 미친 사람이 있다면, 그 사람에게 해명을 들어본다. 이를 참고로 다음번 일에서는 그에게 좀 더 명확한 가이드라인을 준다.

당신의 슈퍼 성공을 위한 아이템!
Action Items for Super Success

Q 최근 팀 프로젝트 가운데 실패한 일이 있는가? 한번 떠올려보고 상황을 적어보라.

A

Q 그 실패에서 당신은 어떤 점이 미흡했고, 어떤 개선할 점이 있었나?

A

Q 그 실패에서 당신이 직접 제어할 수 없는 부분을 탓하고 원망한 게 있나? 있다면 한번 적어보라.

A

잘된 건 모두 내 덕이다

제20장

V

S

다른 사람들이
도와준 덕에
잘됐다

> **야 이번 건, 완전 내 덕인 거 알지? 나한테 고마운 줄 알아!**

> **아 그 프로젝트요! 사실 저 혼자 다 했습니다.**

　지금까지 일의 결과가 실패했을 때를 알아보았다. 이번 장에서는 일을 성공했을 때 실패하는 사람과 성공하는 사람이 어떤 차이를 보이는지 알아본다.

　일이 잘돼서 성공적이라는 평가를 받는 경우가 있다. 팀 기획안이 채택되어서 곧바로 제품화되었다거나, 신제품을 내놓았는데 매출이 특출난 경우, 혹은 획기적인 상품이라며 언론의 주목을 받는 일이 그렇다. 이 경우, 마치 자신이 다 한 것처럼 이야기하며 유세를 떠는 사람들이 있다. 맛있게 지은 밥에 초를 치는 격이다.

지위를 악용해 공을 독차지하다

　모두가 수고했다며 다독이고 있는데, 갑자기 팀장이 자기가 내놓은 아이디어 덕분에 성공한 것이라고 이야기한다. 그럼 다른 팀원들은 반박도 못 하고 묵묵부답으로 대응하거나 대충 "그렇죠."라며 맞장구쳐줄 수도 있겠지만 얼마나 그 팀장이 꼴불견이겠는가? 그 팀장은 팀원들 눈 밖에 날 수밖에 없다.

함께 고생해서 얻은 대가를 혼자만 다 한 것처럼 떠드는 사람을 좋게 볼 사람은 없다. 대체로 상사나 보스가 이런 식의 말을 하는데, 이는 권력과 지위를 악용한 좋지 않은 행태다. 설령 그 상사나 보스의 말이 사실이라 해도 그렇다. 아랫사람들은 상사나 보스에게 대놓고 반박은 못 해도 그런 상사를 멀리하게 되고 사기가 꺾여 힘을 보태지 못한다. 결국 팀 전체가 실패의 흐름을 타게 된다.

이 경우 이번 프로젝트는 성공했지만 다음 프로젝트에서 성공한다는 보장은 없다. 다음 일에서 실패하면 그런 상사나 보스는 이번에는 자기 탓을 하지 않고 팀원들 탓을 할 것이다. 잘되면 자기 탓하는 사람은 안 되면 남 탓을 하게 돼 있다. 100% 그렇다. 모든 공을 자신이 가로채려는 사람들은 실패의 책임은 절대 지지 않는다. 이런 사람이 보스라면 어쩔 수 없겠지만, 그렇지 않다면 설령 실력이 좋더라도 조직에서 내보내는 편이 훨씬 낫다. 사실 이런 사람이 실력이 좋을 가능성은 0에 가깝다고 봐도 무방하다.

당신 혼자 다 했다고? 착각하지 말라!

성공하는 사람들은 다르다. 함께 노력했고 자신이 누구보다 더 많은 일을 했더라도 공을 동료들에게 돌린다. 그러나 모두가 안다. 그 사람이 많은 수고를 했고 그 사람 역할이 컸다는 것을. 그런 상사라면 그 사람 됨됨이에 감동해 더욱 함께 일하고 싶다는 생각을 가지게 될 것이고, 그런 직원이라면 높은 점수를 줄 것이다.

당신이 어떤 말로 자신을 추켜세우든 당신이 그 일에 대해 기여한 바를 사람들은 다 안다. 아무리 그럴싸한 말로 자신을 포장해도 그 말을 곧이곧대로 믿고 수긍하는 바보는 없다. 공로는 말이 아니라 행위가 말해주기 때문이다.

실패하는 사람은 대체로 근시안적이다. 그래서 지금 당장 탐욕에 멀어 눈앞에 있는 공을 자신이 독차지하려고 한다. 주변 사람들과의 관계는 신경 쓰지 않고 당장의 칭찬, 당장의 점수를 잘 받는 일이 중요하다. 보통은 상사가 부하 직원들이 한 일을 혼자 한 것처럼 윗선에 보고하는 수법이 많다. 남들의 공은 쏙 빼고 자기 혼자 모든 일을 처리한 것처럼 포장한다.

나는 회사에서 직원을 뽑을 때 종종 면접관으로 참여한다. 이력서를 보면 지원자 성격이 어느 정도 보인다. 직급이 그리 높지 않은데도 회사의 모든 일을 마치 자기 혼자 해낸 것처럼 부풀려서 말하는 사람이 있다. 입사한 지 1~2년밖에 안 된 신입사원이 어떻게 회사의 운명을 좌지우지하는 프로젝트를 총괄하고, 부서를 옮긴 지 얼마 안 된 사람이 어떻게 3~4개월 만에 그 회사의 중장기 전략을 홀로 수립할 수 있단 말인가?

나는 그런 사람들을 인터뷰하면 꼭 다음과 같은 질문을 던진다.

"지금 이력서에 적어주신 내용은 그 팀에서 진행한 것 같은데요. 지원자께서 직접 수행하신 일에 대해서만 다시 한번 말씀해주세요."

그럼 대부분은 자신이 했던 일만 이야기하는데, 그 범위가 원래보다 급격히 쪼그라든다. 그래도 그렇게 솔직하게 말하는 사람은 이력서 쓰는 요령이 없었다고 이해하며 넘어갈 수 있다. 문제가 되는 사람은 여전히 자기가 한 일을 과장되게 이야기하는 사람이다. 마치 내가 오해할까 봐 걱정이라도 되는 듯 더욱 열을 올려 설명한다. 그 일의 많은 중요한 부분을 혼자 감당했다며 약간 억울해하면서. 그럼 나는 곧바로 후속 질문을 던진다.

"지원자님, 이제 신입사원 정도 연차이신데, 이렇게 큼직한 프로젝트를 책임져 맡았다면, 그때 윗 직급 분들은 어떤 역할을 담당했나요?"

"지원자님, 부서를 옮기신 지 얼마 안 되셨는데, 3~4개월 만에 모든 업무를 파악하고 회사의 장기 비전을 수립했다는 것이 저는 잘 믿기지 않습니다. 구체적으로 어떤 내용을 어떻게 만들었는지 다시 자세히 설명해주세요."

이런 식으로 질문을 던지면 열에 여덟, 아홉은 제대로 답을 못하고 횡설수설한다. 자신은 분명 일부만 담당했을 텐데 자신이 다 한 것으로 착각하고 있거나, 일부러 부풀려 이야기했을 것이다.

겨우 이력서 한 장 보고 인터뷰를 하는 나도 어떤 상황인지 파악할 수 있는데, 옆에서 함께 일하던 사람들은 그 사람의 실체가 얼마나 정확히 보였을까? 자신이 아무리 혼자 다 한 것처럼 떠들어도 그걸 곧이곧대로 믿는 사람은 흔치 않다.

최선을 다한 동료에게 공을 돌리라

혼자서 공을 독차지하려는 이기적인 태도는 언젠가 만천하에 드러나게 된다. 그런 태도를 아무도 모르는 것 같고 자신이 교묘히 위장하며 주변 관계를 잘하고 있는 것 같지만 주변 사람들이 그걸 모르는 게 아니다. 특히 그가 직장을 옮길 경우 과거의 동료들에게서 평판 청취^{reference check}라는 것을 듣게 된다. 이때 그런 이기적인 사람은 좋은 평판을 받을 가능성이 극히 낮다.

화려한 언변으로 모든 면접관을 속이는 데 성공하더라도, 평판 청취로 지금까지 들어왔던 이야기가 모두 거짓으로 밝혀지는 순간, 채용은 취소될 수 있다. 이기적인 태도의 비참한 말로가 그렇다.

정말 대단한 일을 수행했다고 말하고 싶다면 방법은 간단하다. 누구라도 다 인정할 만큼 정말 대단한 일을 수행하면 된다. 그럴 수 없다면 함께 일하는 팀과 동료를 소중한 존재로 받아들이라. 함께 최선을 다해서 좋은 결과를 내고 그 공을 동료들에게 돌리라. 그럼 동료들도 그들이 세운 공을 당신에게 돌릴 것이다.

자신에 대한 평가는 자신이 하는 것보다 타인이 내리는 것이 비교적 정확하다. 내가 아무리 "나는 좋은 사람이고 유능하고 잘났고 부자랍니다."라고 떠들어도 사람들이 "아, 그러시군요."라며 진짜로 믿어주는 게 아니다. 그 사람의 말이 아니라 행위와 삶이 그 사람을 말해주기에 그렇다.

타인에 대한 사람들의 평가는 의외로 냉정하다. 나에 대해 냉정한 평가를 내리는 타인을 최대한 내 편으로 만드는 방법은 그와 좋은 관계를 구축하는 것이다. 그러려면 당신이 아무리 잘났어도 남에게 공을 돌려야 한다.

멀리 돌아갈수록 더 큰 보상이 주어질 가능성이 크다. 내가 받아야 할 공을 다른 동료에게 돌리면 내 가치가 깎이는 것 같은가? 전혀 그렇지 않고 오히려 그 반대다. 남에게 공을 돌릴 줄 아는 사람은 여유 있는 사람으로 평가되며 평판도 가치도 올라간다. 거기에 실력을 더한다면 성공은 멀지 않은 일이 될 것이다.

제20장 , 당신의 유형은?

체크 표시(✓) 하시오.

Fatal Failure ☐   Super Success ☐

잘된 건 모두 내 덕이다.   **다른 사람들이 도와준 덕에 잘됐다.**

팀 프로젝트에서 자기 혼자 다 했다고 거드름을 피운다. 부하 직원들이 한 일을 자기가 한 것처럼 공을 가로챈다. 특정 프로젝트에서 자기가 한 일은 일부에 불과한데 혼자 중요한 일을 맡은 것처럼 부풀려 이야기한다.

모두 다 같이 노력한 일에 대해 모두를 격려하고 칭찬한다. 자신이 중요한 일을 했어도 다른 사람에게 공을 돌린다. 주변 사람들은 그가 얼마나 헌신적으로 노력했는지 이미 알고 있고, 그와 계속해서 일하고 싶어 한다.

당신의 슈퍼 성공을 위한 아이템!
Action Items for Super Success

Q 최근 당신이 참여한 일에서 성공적인 결과를 낸 적이 있는가? 한번 적어보라.

A

Q 그때 당신이 맡은 업무와 역할은 무엇이었나?

A

Q 그 결과에 대해 주변 사람들에게 어떻게 이야기했나? 당신 혼자 다 했다고 자랑했나? 아니면 남들의 도움이 컸다고 이야기했나?

A

Q 그 일을 자기 혼자 다 했다고 이야기한 팀원이 있었나? 당신도 그가 혼자 다 했다고 생각하는가? 당신의 솔직한 생각을 적어보라.

A

Q 당신과 후배 직원이 함께한 일이었다면, 상사에게 후배 직원에 대해 어떻게 이야기했나? 그가 기여한 바를 이야기했나?

A

Q 만약 후배 직원이 기여한 바를 제대로 보고하지 않았다면, 다음에 어떻게 이야기할지 생각해보고 적어보라. "후배 ○○가 수고해준 내용입니다."라는 말을 추가해보길 바란다.

A

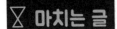

멀리 볼수록 빨리 다가오는 성공, 근시안일수록 가까워지는 실패

　지금까지 스무 가지 주제로 성공과 실패에 관해 이야기했습니다. 독자 여러분은 읽는 동안 어떤 생각이 드셨습니까? 스무 가지 항목 중 당신은 성공과 실패 중 어느 쪽에 더 가까운지 체크해보셨습니까? 성공 쪽이 더 많았나요, 아니면 그 반대가 더 많았나요?

　현재 상황이 어떻든 미래는 지금 당신이 어떻게 하느냐에 달렸습니다. 성공 쪽이 더 많았더라도 부족한 점이 있을 테니 그 점을 보완해나가면 됩니다. 실패 쪽이 더 많았다면 부족한 점을 발견하셨으니 꾸준히 개선 해나가면 됩니다. "사람은 변하지 않는다."라는 말이 진리처럼 여겨지는 것을 보는데 저는 그 말에 동의하지 않습니다. 사람은 바뀔 수 있습니다. 다만, 변화를 위해 오랜 시간 치열한 노력을 기울여야 하므로 변화하는 사람의 수가 적은 것입니다.

　이 책에서 여러분께 말씀드리고 싶었던 것은 '장기적 안목의 중요성' 과 '치열한 행동'이었습니다. 우선 '장기적 안목'에 대해 이야기해보겠습 니다. 짧은 생각으로 타인의 공을 가로채고, 타인을 비난하고, 나에 대해 부풀려 말하고 자랑하면 내가 더 커 보이고 내가 더 잘나 보일 것 같지만, 그렇지 않습니다. 장기적인 관점에서 그것은 내 주변 사람들의 인심을 잃게 만들고 나를 고립시키는 매우 안 좋은 태도입니다. 그런 태도로 당장은 자신이 빛나 보일지 모르지만, 머지않아 틀림없이 후회스러운 결과를 맞닥뜨리게 될 것입니다. 그것은 장기적으로 성공의 길이 아닌 실패의 고리로 들어가는 일입니다.

다음으로, '치열한 행동'에 관해서 이야기해보겠습니다. 당장은 일을 미루고 나태하게 있는 게 편하고 좋습니다. 잘 안 되면, 남 평계를 대면 그만입니다. 그러나 그런 습관이 쌓이고 쌓이면 결국 아무것도 이룬 게 없는 사람이 됩니다. 운이 좋아서 아무것도 이룬 게 없이 평생을 산다 해도, 얻는 건 오로지 노화와 죽음밖에 없습니다. 성공은 그 안에 포함되지 않지요.

많은 사람이 긍정적인 결과는 부러워하면서 그 결과를 만들어내는 과정은 하기 싫어합니다. 좋은 성적은 받고 싶지만 공부는 하기 싫고, 살은 빼고 싶지만 운동과 식이요법은 하기 싫습니다. 뚱뚱한 건 싫은데 고칼로리 음식만 좋아하고 운동은 숨쉬기가 전부입니다. 부자가 되고 싶지만 골치 아픈 수고는 싫고 요행만 바랍니다. 많은 사람이 부정적인 결과는 싫다면서도 그런 결과를 만들어내는 과정은 쉬지 않고 계속합니다.

주변에 성공하는 사람들을 보십시오. 정확히 그 반대로 합니다. 당신은 어떤가요? 그런 사람들을 보면서 "그런 사람들은 타고난 거지. 나는 그렇게 타고나질 않아서 어쩔 수 없어."라며 계속해서 자신의 나태함을 합리화하고 있지는 않는지요?

긍정적인 변화는 저항을 거스르며 한 발씩 나아갈 때 생깁니다. 지금 마주친 저항이 보기 싫어서 뒤로 돌아섰다면, 혹은 그 저항이 작용하는 방향으로 흘러가 버렸다면 높은 고지에 오르기를 바랄 수 없습니다.

물은 위에서 아래로 흐릅니다. 물을 아래에서 위로 끌어올리려면 흐르는 물 이상의 힘을 가해야 합니다. 노력 없이 성공하기를 바란다는 건, 물이 아래에서 위로 자연스레 흘러주길 바라는 것만큼 어리석은 생각입니다.

성공하기 위해 앞질러야 하는 사람은 지금 내 눈앞에 보이지 않습니다. 주변 사람들과 동반 성장하고 위대한 팀을 만들어 한 발자국씩, 다소 느리더라도 굳게 믿고 나가십시오. 그리하여 다른 최고의 팀과 팀 대 팀으로 경쟁하는 것입니다. 그 과정에서 미끄러지더라도 모든 게 끝났다고 생각하지 마십시오. 아무리 고공 행진을 하는 주식도 반드시 떨어지는 날이 있습니다. 정말 중요한 것은 추세입니다. 계속 성장하고 성공하는 흐름을 타면 된다는 이야기입니다.

이 책이 성공에 다가서기를 꿈꾸는 독자 여러분에게 조금이나마 도움이 되고 힘이 되기를 기원하며 이만 마칩니다.

감사합니다.

김재성 드림